Super ET Opera viva

Dello stesso autore nel catalogo Einaudi

Resto qui

Marco Balzano
Le parole sono importanti
Dove nascono e cosa raccontano

Einaudi

© 2019 Marco Balzano

Edizione pubblicata in accordo
con Piergiorgio Nicolazzini Literary Agency (PNLA), Milano

© 2019 Giulio Einaudi editore s.p.a., Torino

www.einaudi.it

ISBN 978-88-06-24177-3

a mio padre Michele

Introduzione

Al liceo, durante l'ora di latino, mentre contavamo i minuti che mancavano al suono della campanella, il prof Falchetti puntualizzò che *homo* ha la stessa radice di *humus*. Questo succede, ci spiegò, perché l'uomo sta sulla terra, mentre i morti stanno sotto e gli dèi sopra. Questione di piani. A quelle parole iniziammo a darci di gomito e a recuperare attenzione. Nel resto del tempo lo tempestammo di domande su quali altre parole derivassero da *homo*. Qualcuno fece proposte plausibili, qualcun altro completamente sballate. Ricordo che il prof aggiunse che *nemo*, «nessuno», è la sintesi di *ne-homo*. Insomma ne era nata una discussione vivace, tanto che sulle scale della scuola avevamo continuato a parlarne.

Anche Hans-Georg Gadamer racconta un aneddoto simile[1]. Il filosofo stava tenendo una lezione in un'università sudafricana davanti a una platea di giovani particolarmente distratti. A un certo punto, parlando di Parmenide, Gadamer ricorda che la parola *nothing* altro non è che *no-thing*. La platea assorta si ridesta perché di colpo capisce che l'essere non è una cosa, proprio come noi liceali avevamo sentito di cogliere dei concetti che fino a qualche minuto prima ci sfuggivano.

Perché accade questo? Che cosa genera un simile cambio di attenzione? Evidentemente siamo di fronte a una rivelazione. Quando ci raccontano un'etimologia, qualcuno ci svela cosa c'è dentro la parola e da semplice referente la trasforma in un mondo da esplorare, un mondo pieno di elementi che erano sotto i nostri occhi ma che non avevamo mai notato. Proviamo un entusiasmo immediato perché riconosciamo qualcosa che non sapevamo di sapere. Dentro l'uomo c'è la terra, dentro il niente la mancanza della cosa, se non c'è nessuno non vi è presenza umana... Tutto questo lo avremmo potuto cogliere se avessimo osservato di piú, se avessimo messo la parola in controluce per vederne la filigrana. Invece ci siamo accontentati del guscio e abbiamo avuto accesso al solo significato base. L'emozione è doppia, perché la rivelazione del senso nascosto spesso è anche la prova della superficialità con cui ascoltiamo e parliamo.

Alla luce di questi aneddoti, la domanda piú urgente diventa un'altra: come è possibile che l'etimologia, cosí carica di fascino da destare persino l'attenzione dei piú distratti, sia solo il racconto di un professore brillante? Come mai non riceve considerazione né a scuola né in università? Le risposte, si sa, non sono facili come le domande. Piú facile, invece, è immaginare quante discussioni coinvolgenti ci siamo persi, quante parole avremmo potuto chiedere, quante volte avremmo provato quella sensazione di meraviglia.

Non solo a scuola non esiste una materia che si chiama etimologia, ma questa disciplina non viene presa minimamente in considerazione nella nostra educazione linguistica. Saremmo dei parlanti migliori se ci avessero abituato a guardare le radici delle parole, a smontarle, a riconoscerne prefissi e suffissi, derivati e omologhi. Invece a scuola ci insegnano a scrivere (a parlare no), ma non ci dicono che le parole hanno corpo e si possono maneggiare. Quando penso all'assenza assoluta dell'etimologia dalle scuole rimango stupito perché è una materia che si presterebbe benissimo all'insegnamento: in sessanta minuti di lezione è facile impiegarne qualcuno per ricercare l'origine e considerare la storia di una parola; quest'operazione, poi, può attraversare tutte le discipline e può riguardare tutti i vocaboli perché ciò che conta è l'acquisizione di un'abitudine che ci permetterà di trovare le *nostre* parole, quelle che ci appartengono di piú. Si ribatterà: oggi si consulta a malapena il dizionario, pretendere di risalire all'etimologia è come chiedere la luna. E invece vuol dire semplicemente cambiare prospettiva: non piú partire dal significato di una parola, ossia da un apprendimento statico (lo imparo per saperlo riconoscere e magari usare), ma ascoltare una storia che racconta dove comincia la vita di quella voce, di quelle che le stanno accanto e di quelle che le sono figlie. È impossibile, infatti, quando si ricorre all'etimologia, isolare una singola parola. Col dizionario etimologico se ne conosceranno grappoli, famiglie intere. E tutto questo, oltre che essere interessante, può diventare un vero e proprio piacere intellettuale.

L'etimologia, poi, non è affatto una prerogativa delle materie umanistiche né degli studi liceali, perché sapere l'origine di «chiasmo» è utile quanto sapere quella di «algoritmo» o di «mestolo». In tutti i casi, che aspiriamo a diventare dei critici, degli scienziati o dei cuochi, questa conoscenza ci renderà dei parlanti piú attenti. E chi, se non la scuola, dovrebbe fornire le basi di questa conoscenza? È del resto impensabile una scuola uguale per tutti finché un'attenzione accurata alla lingua rimarrà, al limite, prerogativa di qualche indirizzo liceale. Se ogni sapere è fatto di parole, una scuola uguale per tutti deve trasmettere con la stessa cura le parole di ciascun sapere.

Padroneggiare la lingua nella sua storicità e non possederne solamente la scorza ha dei precisi vantaggi. Per esempio, chi acquisisce una *forma mentis* etimologica comprende che attribuire a qualsiasi parola un solo significato è nel migliore dei casi limitativo. Da questo punto di vista l'etimologia è simile alla poesia perché ci fa accedere a un senso pieno e complesso che, altrimenti, nella frenesia della comunicazione, sarebbe destinato a sfuggirci. Basti pensare che oltre a un'origine, l'etimologia offre sempre un'immagine o un gesto. Provo a spiegarmi con un esempio. Prendiamo «economia»: è un vocabolo che non suggerisce nulla di concreto, al limite numeri e grafici. Chi conosce l'etimologia, invece, vede una casa perché *òikos* in greco è «casa», mentre *nomos* vuol dire «legge», «norma». L'economia è l'insieme delle regole che servono per mandare avanti la casa. Se sappiamo questo è probabile che ci compaiano nostra madre e nostro padre, che ci tornino in mente i discorsi su come amministrare le risorse disponibili e su come distribuirle ai vari componenti della famiglia. La parola ha preso vita e a questo punto dobbiamo rispettarla per ciò che comunica.

I vantaggi sono evidenti: se abbiamo delle immagini di riferimento possiamo fare metafore, similitudini, istituire confronti. La parola, con l'immagine, non si appiattisce piú su un uso univoco, ma acquisisce tridimensionalità e forza visiva. Quando ne conosciamo la storia, inoltre, possiamo chiederci se l'uso di oggi conservi qualcosa del significato originale e, nel caso non sia cosí, indagarne le ragioni. Magari «economia» non ci

INTRODUZIONE XI

comunica piú nessuna immagine perché con questa parola ci si riferisce ormai alla «finanza»? È solo una mia opinione (in verità non molto originale), ma potremmo appellarci alla storia del vocabolo per cercare di capire se siamo sulla strada giusta. Del resto, l'etimologia ha questo di buono: quando la pratichiamo correttamente avremo sempre molte piste davanti, ma una sola sarà quella che ci potrà condurre all'*ètymos*, il vero punto iniziale.

Se ha ragione Benjamin nel dire che il livello piú basso della lingua è la pura trasmissione di informazioni, e se è vero, come si legge in De Maistre, che «ogni degradazione individuale e nazionale si manifesta subito con una degradazione rigorosamente proporzionata al linguaggio»[2], allora l'etimologia è uno dei contrasti piú efficaci contro la decadenza. In questo senso, mi pare che essa abbia un'importante funzione sociale, proprio perché, con la sua richiesta di ascolto e di cura, ci spinge a una maggiore etica della lingua. Immergersi nella storia delle parole, infatti, permette non solo di salvaguardarne la profondità, ma anche di individuare gli usi impropri, le omissioni, le mistificazioni di cui, senza accorgerci, siamo spesso vittime.

L'etimologia è una disciplina empirica, chi la pratica può acquisire un metodo sperimentale e imparare a fare ricerca. Questa ricerca ha a che fare con la filologia, una materia che mette alla prova solo gli iscritti alle facoltà di Lettere (nemmeno tutti, in realtà), ma che per gli altri rimane un'attività sconosciuta nonostante si occupi di verità e di metodo: la filologia, infatti, studia la corretta ricostruzione di un documento letterario e di una determinata cultura. Filologia e etimologia, rispondendo alla necessità di comprendere il corso degli eventi e di mostrare l'archeologia della parola, mirano a non lasciarci in balia di significati preconfezionati e di ricostruzioni arbitrarie. Il loro invito è a non subire la lingua, ma a conoscerla a fondo per poterla proteggere e migliorare. L'etimologia, cosí, umanizza la parola trasformandola in un individuo con la sua storia, di cui, attraverso l'indagine, possiamo conoscere i momenti di fortuna, gli incidenti, le cadute, le rinascite.

Tale umanizzazione è particolarmente interessante perché non è solo un'operazione biografica, un riepilogo del prevedibile percorso nascita-morte. È molto di piú, visto che l'etimologia non si esaurisce nella diacronicità: la conoscenza del passato serve per problematizzare l'uso della parola che si fa nel presente e per indicarne prospettive future. Quello etimologico è un sapere attivo, che non si racchiude nell'erudizione o, per i piú velleitari, nell'enigmistica. C'è qualcosa di militante in questa disciplina dato che la sua conoscenza influisce sul nostro comportamento linguistico, e dunque sul nostro pensiero.

Conoscere la storia di una parola ci permette di acquisire un parametro di confronto con l'oggi. Se non abbiamo altro che il presente, infatti, è facile che ne rimaniamo ostaggi. Il nostro tempo, ad esempio, è un'epoca in cui la lingua, per molte ragioni, viene usata in modi spesso banali, ultrasintetici, semplificati. Seguirne la nascita dalla radice, invece, offre la possibilità di mettere in discussione l'uso che ne facciamo e ci autorizza a intervenire nella comunità dei parlanti di cui siamo parte.

Chi si occupa di etimologia, infine, deve conoscere la linguistica, o averne almeno dei fondamenti[3]. È un'osservazione importante perché se la grammatica non ci lascia mai in pace – anzi, ad ogni ciclo scolastico la si riprende daccapo – la linguistica, quella disciplina che si occupa del linguaggio e della necessità di comunicare, non ci viene a far visita neanche per un minuto. Nemmeno in questo caso so individuare la vera ragione, ma è cosí. È sempre stato cosí. Questo ovviamente non significa che la linguistica sia l'unico strumento per indagare la parola. Abbiamo detto che l'etimologia è una disciplina trasversale, dunque servono storia, religione, filosofia, sociologia... Anzi, possiamo essere certi che il nostro sapere, quale che sia, ci tornerà utile e ci permetterà di confrontarci in maniera ravvicinata con altre lingue. Quando ricerchiamo un etimo, infatti, dobbiamo sempre farci domande simili a queste: cosa accade all'equivalente di questa parola nelle altre lingue romanze? E in quelle non romanze? Cosa dicono il greco e il latino? L'etimologia non stimola soltanto la nostra cultura generale, ma è una disciplina comparata che presuppone il confronto con altre lingue per metterne a fuoco i passaggi e i movimenti comuni.

Si potrà allora osservare come parole di lingue tra loro lontane in realtà camminino insieme: «due» in latino si dice *duo*, in greco *duo*, in sanscrito *dvā*, in gotico *twai*. E si potrebbe continuare. Le parole autoctone e nazionali sono ben poche e l'etimologia, ricostruendone le mappe e i viaggi, rivela l'affascinante ampiezza, anche geografica, del loro cammino.

Si potrebbe ribattere: perché dovremmo studiare l'etimologia se è solo una disciplina empirica e probabilistica che non offre le certezze di una scienza esatta? Ma questa volta, finalmente, una risposta c'è. Se ogni parola ha una sua archeologia che possiamo cercare di ricostruire, è altrettanto vero che essa conserva una zona di mistero che ce la rende seducente. Questa insondabilità ha forse a che fare con un problema di ordine superiore, quello del rapporto ancestrale fra le parole e le cose, un rapporto che non potrà mai arrivare alla perfetta coincidenza, se è vero – come ha scritto Umberto Eco alla fine de *Il nome della rosa* – che «nomina nuda tenemus», abbiamo soltanto semplici nomi. Noi contempliamo le parole, le interroghiamo, ne ricostruiamo diacronicamente la storia, a volte ne agguantiamo un etimo preciso, ma la totalità del significato continua a sfuggirci. È in questa scommessa impossibile che vive il linguaggio: abbracciare una volta per tutte il senso ultimo delle parole e non riuscirci mai. Eppure è proprio questa impossibilità di esaurirne il senso che ci spinge a ripeterle, a riempirle di significati che si rinnovano e che rispecchiano i nostri cambiamenti. È questo rivelarsi senza mai svelarsi che le rende eternamente affascinanti. Come la poesia.

Prima di scrivere questo libro ho passato molto tempo a cercare un criterio che mi guidasse nella scelta delle parole che volevo esaminare. Ho finito per abbracciare l'idea che ognuno ha le sue. Ne ho scelte dieci di uso comune, che tutti pronunciamo molte volte al giorno. Sono parole che mi appartengono particolarmente e nello stesso tempo sono universali.

«Scuola» e «parola» sono i vocaboli del mio lavoro di insegnante e di scrittore. Tutte le altre, in qualche misura, derivano da questi binari. La scuola continua, nonostante tutto, a rappresentare per me un punto di osservazione particolarmente interessante: i «confini», i «social», il «divertimento», persino la «fiducia» sono concetti che nei giovani agiscono con una forza e un'evidenza piú marcate. Quanto a «memoria», «resistenza» e «felicità» (la «contentezza» ne è a suo modo implicata), è innegabile che chi scrive, indipendentemente da ciò che scrive (anzi, dalla scrittura stessa), non fa altro che provare a fare i conti con tutto questo. Ma, al di là della vicinanza che avverto, al di là delle ossessioni personali, ciò che piú conta è che queste parole hanno attraversato i secoli accumulando complessità, caricandosi di sfumature, ed è per questa loro ricchezza che sono da sempre al centro dei nostri pensieri e dei nostri sentimenti.

Cinque di queste sono troppo spesso semplificate o banalizzate dai media, dalla politica, dalla pubblicità. Sono parole che hanno un'apertura verso l'altro e che invece il piú delle volte ci vengono presentate come spazi chiusi. Ho ragionato allora su questi tradimenti piú o meno subdoli, cercando di individuarne il significato primigenio e le alterazioni che se ne fanno.

Ma non volevo scrivere un libro sulla manipolazione. Cosí ne ho prese altre cinque, passatemi l'ossimoro, semplicemente complesse. Sono parole ampie e prismatiche, che usiamo in modo parziale, non sempre corretto. È dunque un lavoro di screening e di approfondimento, che non si fonda soltanto sul contrasto tra etimo originale e significato in voga, ma sulla possibilità di mostrare un uso piú consapevole e piú libero della parola.

La base di questa disciplina, lo abbiamo detto, è la linguistica. Ho cercato però di ridurre a una misura ragionevole quel tipo di spiegazioni per lasciare spazio alla storia delle parole nella sua complessità e, credo, nella sua bellezza. La mia intenzione, infatti, non era fare della filologia, discutere come un neutrale linguista, ma usare quelle discipline col maggior rigore possibile per un obiettivo piú politico, per ripensare cioè un'idea di civiltà e per scongiurare il rischio, oggi cosí concreto, di rimanere in balia di un linguaggio superstizioso, che ci abbaglia e impressiona ma che non comprendiamo davvero. Dunque il lettore, nelle pagine che seguono, non troverà tecnicismi né digressioni accademiche, piuttosto continui riferimenti al presente e alle problematicità sociali e politiche che emergono osservando il linguaggio. Anzi, ho cercato di ridurre all'essenziale anche le citazioni perché volevo che le parole, ancor prima che farci sentire la voce degli altri, ci facessero riascoltare la loro.

Giorgio Agamben, in un suo libro recente, ricorda che ogni opera «non può essere conclusa, ma solo abbandonata e, eventualmente, continuata da altri»[4]. Non saprei augurarmi soddisfazione piú grande di una continuazione di questo libro con le parole che rispecchiano di piú la sensibilità del lettore.

[1] H.-G. Gadamer, *Ritorno dall'esilio. Sulla lingua materna*, in Id., *Linguaggio*, a cura di D. Di Cesare, Laterza, Roma-Bari 2005, p. 118.
[2] W. Benjamin, *Sulla lingua in generale e sulla lingua dell'uomo*, Einaudi, Torino 2008, pp. 293-95. Joseph De Maistre, *Le serate di Pietroburgo*, a cura di G. Auletta, Paoline, Roma 1961, p. 52. Il passo continua cosí: «Come potrebbe l'uomo perdere un'idea o solo la rettitudine di un'idea, senza perdere la parola o la giustezza della parola che l'esprime? E come, al contrario, potrebbe pensare piú o meno, senza manifestare subito il pensiero col proprio linguaggio?»
[3] Cfr. D. Baglioni, *Etimologia*, Carocci, Roma 2016, p. 9 e pp. 20-55, e A. Zamboni, *L'etimologia*, Zanichelli, Bologna 1976, p. 100.
[4] G. Agamben, *L'uso dei corpi*, Neri Pozza, Milano 2014, p. 9.

Le parole sono importanti

E di te che saprò? le tue apparenze
han detto quel che vuoi, quel che non sei
credi tu
che dietro a questa assurda
fuga di giorni
ci attenda
il passo delle vere parole?

E di te che saprò, Luciano Erba

I versi citati in esergo sono tratti da L. Erba, *Poesie (1951-2001)*, Mondadori, Milano 2002.

Divertente

Se invece di iniziare a leggere questo libro accenderete la tv o la radio, o se vi metterete a navigare sul web, non farete fatica a imbattervi in un canale o in un sito su cui stanno trasmettendo pubblicità. Quasi tutti, o forse tutti gli spot, vi presenteranno gente che si diverte. «Divertente», infatti, è una parola non solo molto frequentata, ma anche molto manipolata dai media e troppo sottovalutata dal punto di vista cognitivo. La pubblicità cerca sempre di farci apparire divertente il consumo: è divertente comprare un nuovo smartphone, abbonarsi a una pay-tv, guidare una macchina super accessoriata. Ma indipendentemente da cosa ciascuno di noi giudica divertente, e dal rischio concreto che anche questo aspetto della nostra vita vada piano piano omologandosi, la parola indica un interessante atteggiamento mentale.

«Divertire» deriva dal latino *de-verto*: *de* ha funzione di allontanamento e *verto* vuol dire «girare», dunque «allontanarsi», «volger(si) altrove». La parola ha da sempre anche un senso figurato, e quindi il verbo significa soprattutto «convertire», «cambiare» (nella sua accezione piú ampia: cambiare percorso, cambiare un aspetto di sé ecc.). «Divorzio», ad esempio, deriva da qui. Stando a questa gamma di significati è divertente colui che sa cambiare strada per imboccarne una nuova. Di fronte alla visione standard, di fronte al percorso piú battuto o all'obiettivo piú gettonato, il divertente elabora uno sguardo critico, esplora strade alternative, rivela uno spirito anticonformista. È, insomma, un individuo che sa essere diverso e che ha l'ingegno per trovare diversivi.

La sua virtú è sapersi distaccare da un'emozione fissa[1], fare un passo indietro e assumere uno sguardo ironico. Questo distacco gli permetterà di prendere in considerazione nuove ipotesi e, soprattutto, di assumere un atteggiamento piú leggero di fronte a ciò che ha davanti (*ad-vertere*). Abbiamo a che fare con un'azione che può compiere solo chi ha audacia e curiosità, chi ha ben chiaro che le possibilità sono di piú di quelle che vediamo. «Divertire», dunque, è sempre un verbo di movimento, perché bisogna avere il coraggio di abbandonare la propria postazione per dirigersi in un luogo nuovo.

Non siamo di fronte a un consumatore, e nemmeno a un buffone o a un intrattenitore. Il divertente mette in campo precise strategie, è un portatore di nuove visioni e l'ironia che possiede è altra cosa dalla pura comicità[2]. Il riso che ci regala la persona divertente, infatti, nasce dal coraggio di intraprendere strade che relativizzano quella principale, rimpicciolendone la misura e l'importanza. Questa capacità di mutare gli equilibri e le proporzioni (ciò che sembrava grande diventa piccolo) sta alla base dell'umorismo perché, come dice Schopenhauer, a farci ridere è la discrepanza tra il concetto e la percezione effettiva delle cose[3].

Per disinnescare il carico di pathos e di pensieri che ci arroccano sulla stessa posizione, il divertente sa trovare parole spiazzanti e dissacranti, relazioni inedite che allentano la tensione. Una famosa poesia di Aldo Palazzeschi illustra bene questo meccanismo. Riporto la prima e l'ultima strofa, lasciando fuori la parte centrale che punta a effetti piú comici e paradossali:

> Il poeta si diverte,
> pazzamente,
> smisuratamente!
> Non lo state a insolentire,
> lasciatelo divertire
> poveretto,
> queste piccole corbellerie
> sono il suo diletto.
>
> [...]
>
> Infine io ho pienamente ragione,
> i tempi sono molto cambiati,
> gli uomini non dimandano
> piú nulla dai poeti,
> e lasciatemi divertire![4].

Il poeta ci sta dicendo che, secondo lui, i percorsi seguiti dai suoi contemporanei sono troppo battuti: l'intimismo snob dei crepuscolari, cosí come il dannunzianesimo che trasforma il poeta in un vate, sono tutte vie collaudate a tal punto che rischiano di diventare maniera. La sua strada a questo punto diviene un'altra. Di fronte a quegli scenari troppo frequentati, egli «va altrove» e propone una parola che demistifica il linguaggio e la classicità della poesia, mostrandoci un approccio che non avevamo considerato e che dalla solita prospettiva non si poteva scorgere. La poesia, ci dice Palazzeschi, può anche essere giocosa e irridente, può deresponsabilizzarsi senza diventare fatua. Il riso scaturisce dalla leggerezza e dal senso di libertà che ci dà questa visione nuova che, per giunta, ridimensiona l'importanza del pensiero ordinario⁵. C'è una strada in piú e noi gioiamo di averla scoperta. Il riso del divertimento non è quindi corrosivo, non emana un senso di superiorità o di scherno, ma è un piacere intellettuale.

Come si vede anche da questa poesia, la funzione di divertire, per dirla col Calvino delle *Lezioni americane*, è sempre quella di «sottrarre peso»⁶. Il divertimento è «leggerezza» perché, appunto, «allevia» e rincuora, cosa che gli conferisce una funzione etica e sociale⁷. I volontari che lavorano negli ospedali con pazienti a lunga degenza o con bambini in terapia oncologica sono chiamati a ricoprire esattamente questa funzione. Ciò che conta è far «girare» la testa: chi è fortunato, in questo volgersi altrove, intercetterà un nuovo orizzonte, chi non lo è si sarà comunque distratto da una fissità dai contorni angoscianti.

Il divertimento, infatti, ha strettamente a che fare con la «distrazione». Se osserviamo questo vocabolo, accompagnato al prefisso «dis» troviamo «trarre» – forma contratta del latino *tràhere*, che vuol dire principalmente «tirare». Il verbo indica allontanamento. Anche questa parola assume oggi un'accezione generalmente negativa: un alunno distratto non è un buon alunno, una persona distratta la giudichiamo inaffidabile, disordinata, incapace di mantenere attenzione. Ciò accade perché si tende a far prevalere l'aspetto passivo («essere distratti» vuol dire essere confusi dalle emozioni o dai pensieri), ma in quello attivo («distrarsi») si ritrova una capacità di distacco ironico che andrebbe rivalutata perché può essere feconda, può regalare illuminazioni impreviste e soluzioni originali. Chi si sa distrarre è capace di staccare la spina, sa attingere al mondo della fantasia e non solo a quello della logica, è in grado di riconoscere i limiti di un pensiero che può diventare sclerotico, di un affetto che può sfociare nella morbosità. Come ci insegna Bergson, l'abitudine si riduce facilmente a meccanicità e irrigidisce la nostra versatilità[8]. «Distrarsi» e «divertirsi», dunque, condividono uno stato di leggerezza e di positività che ci ricordano quanto sia indispensabile cambiare punto di osservazione.

Torno un'ultima volta sul rapporto col riso. Se è vero che chi è divertente spesso ci fa ridere, è altrettanto vero che l'etimologia non si confonde con la «simpatia» o con l'«allegria». Insisto su questo aspetto perché isolare il significato aiuta a comprendere l'indicazione primaria, il gesto da cui tutto prende avvio. La «simpatia» è etimologicamente la capacità di creare empatia e affinità, di provare il sentimento che sta vivendo l'altro. Quando qualcuno la prova nei nostri confronti ci sentiamo compresi e la nostra situazione ci appare piú umana anche agli occhi del mondo. L'«allegria», invece, è un'altra cosa. Deriva da *alacritas*, una parola piena di dinamismo e velocità. L'allegria è fisica, ci fa muovere, ci fa «esultare» (dal latino *salio*, «saltare»), «giubilare» (vale a dire «gridare»), insomma è il contrario della tristezza, che si collega infatti a verbi statici e patologici. Chi ci diverte, però, non fa questo. Può essere che ciò che dice ci renda allegri, ci faccia ridere o esultare, ma i suoi atti sono volti a una presa di distanza prima e a un cambio di prospettiva poi. Il divertimento è un'operazione intellettuale, non del cuore, e la distrazione che ne sta alla base è consapevole e ricca di significato, non è un vuoto catatonico (giocare per ore ai videogiochi, per esempio, non è divertente, al limite sarà uno svago)[9].

Non è un caso che scrittori e filosofi abbiano da sempre riflettuto sul divertimento e la distrazione. È interessante osservare come in molti, da Pascal a Leopardi, dai *poètes maudits* a Poe, da Schopenhauer a Ortega y Gasset, abbiano visto nella distrazione un mezzo per fuggire l'infelicità e il dolore. Pascal sostiene che «gli uomini, non avendo potuto guarire la morte, la miseria, l'ignoranza, hanno creduto meglio, per essere felici, di non pensarci»[10]. Se si legge quello splendido affresco che apre le *Operette morali* di Leopardi, *Storia del genere umano*, si vede che all'infelicità degli uomini Giove cerca sempre di porre rimedio con divertimenti e distrazioni che assumono le forme di lavoro, di malattia e, per i pochissimi fortunati, di amore. In quest'ottica qualsiasi attività, qualunque movimento, diventa una distrazione dalla sofferenza di vivere e dalla noia che ne acuisce la percezione. In nome di un'assiologia movimento-vita/immobilità-morte, possiamo finire col chiamare divertimento tutto ciò che stordisce il sentimento delle cose e allenta la percezione della realtà[11]. Dall'alleggerimento si passa cosí all'anestesia della vita. Non ci si rivolge piú altrove, semplicemente si ricerca l'apatia.

L'attrazione verso questo polo negativo se da una parte recupera il senso di «distogliere» – un senso comunque compreso nella storia della parola[12] – dall'altra avviene per ragioni extralinguistiche. Il vocabolo, con questa assolutizzazione, assume infatti una componente di rischio che il significato originale non contempla a pieno, ma che si giustifica per l'atto che indica il verbo: volgersi altrove, allontanarsi.

«Divertimento», parola cosí ampia e duttile, si carica di inquietudine se lo intendiamo come strumento di annullamento per fuggire il male di vivere e raggiungere paradisi artificiali, ma quando ci affidiamo all'etimologia e alla storia del vocabolo, questi riesce sapientemente a descrivere un gesto carico di prospettive, di solidarietà, di ironia, di curiosità, tutti concetti troppo spesso appiattiti su generici aspetti comici o ludici. Invece è proprio nel senso esplorativo, di «direzione diversa», che sta il cuore del significato originario. «Come faccio a spiegare a mia moglie che quando guardo dalla finestra sto lavorando?» diceva Joseph Conrad. Lo scrittore sa bene che è lungo una deviazione che si può provare il piacere della disconnessione e rigenerare uno sguardo consumato dall'accanimento e dalla fissità.

[1] H. Bergson, *Il riso. Saggio sul significato del comico*, Laterza, Roma-Bari 2007, p. 5: «il maggior nemico del riso è l'emozione».

[2] Voglio dire che la pura comicità, come spiega Carlo Sini, tende alla rimozione dell'angoscia, obiettivo che non è per forza prioritario nel divertimento. Cfr. C. Sini, *Il comico e la vita*, Jaca Book, Milano 2003, pp. 30-31.

[3] A. Schopenhauer, *Il mondo come volontà e rappresentazione*, Rizzoli, Milano 2002, p. 142. Nella *Critica del giudizio*, Kant ricorda che «il riso è un affetto che nasce dall'improvviso risolversi in nulla d'una attesa spasmodica». Dunque è sempre il cambio di esito, sproporzionatamente superiore o inferiore alle aspettative, che genera effetti umoristici. Cfr. I. Kant, *Critica del giudizio*, UTET, Torino 1993, p. 306.

[4] Il titolo della poesia è *E lasciatemi divertire! (canzonetta)*. Il testo di riferimento è in A. Palazzeschi, *Tutte le poesie*, Mondadori, i Meridiani, Milano 2002, pp. 236-38.

[5] Sono, a questo proposito, molto interessanti le osservazioni di J. Morreall, *Filosofia dell'umorismo. Origini, etica e virtú della risata*, Sironi, Milano 2011, pp. 99-104.

[6] I. Calvino, *Lezioni americane*, Mondadori, Milano 2002, p. 7.

[7] H. Bergson sottolinea come il riso abbia sempre una funzione sociale, cfr. *Il riso* cit., p. 7.

[8] «Il comico è quel lato di una persona per cui essa rassomiglia ad una cosa, quell'aspetto degli avvenimenti umani che imita (con la sua rigidità di un genere tutto particolare), il meccanismo puro e semplice, l'automatismo totale, il movimento senza vita»: *ibid.*, p. 57. Il filosofo a piú riprese sottolinea come uno stesso oggetto visto da vicino possa apparirci spaventoso e da lontano ridicolo.

[9] Anche il riso, del resto, «si dirige alla pura intelligenza»: cfr. *ibid.*, pp. 5-6.

[10] B. Pascal, *Pensieri*, Mondadori, Milano 1994, n. 168, p. 169, preceduto dal titolo *Divertimento*. Ancora piú interessante il pensiero 142, di poco precedente: «Vedo bene che, per render felice un uomo, basta distrarlo dalle sue miserie domestiche e riempire tutti i suoi pensieri».

[11] Sempre B. Pascal, *Pensieri* cit., n. 129, p. 165: «La nostra natura è nel movimento; il riposo assoluto è la morte». Questa tesi sarà ampiamente ripresa da Leopardi nello *Zibaldone*, che comunque rispetto a Pascal giudica in modo positivo il divertimento perché distrae dalla noia, mentre per Pascal è contraddittorio: egli riconosce che l'uomo ne ha bisogno, ma nello stesso tempo afferma che è proprio il divertimento ad allontanarci da Dio e ad avvicinarci alla perdizione e alla morte (pensiero 171, significativamente intitolato *Miseria*).

[11] Ad esempio nel v capitolo dei *Promessi sposi* si legge che don Rodrigo «voleva sempre piú divertire la disputa dai due primi contendenti». Cfr. A. Manzoni, *I promessi sposi* (1840), Mondadori, i Meridiani, Milano 2002, vol. II, a cura di S. Silvano Nigro, p. 94

Confine

L'idea insita nel «confine» cosí come lo si intende nella discussione attuale è un'idea di limite: il confine, nelle intenzioni della politica, specialmente quella di destra e quella piú ibrida a vocazione populista, indica uno stop, una barriera invalicabile che può superare solo chi ha determinate carte in regola. Ma questa idea di separazione non corrisponde etimologicamente alla parola «confine». Si riferisce piuttosto a un altro vocabolo, il *limes*, un sostantivo maschile della lingua latina che designa il sentiero che fa da confine tra due campi, le pietre sacre che segnavano la separazione dei terreni. È ricorrente nelle proprietà e nei domini, ma riscontra molte occorrenze pure in ambito militare.

Anche i greci hanno una parola, *horos*, con cui indicano la separazione dei terreni e le pietre che li dividono. Ma è una parola semanticamente ancora piú ricca di *limes*, perché è suscettibile di un uso astratto e metaforico che rimanda, ad esempio, ai termini di una legge, alla necessità di segnare dei limiti per passare dal *caos* al *kosmos*, dal disordine all'ordine. Esiodo, nella *Teogonia*, dice che è stato necessario delimitare il cielo e la terra per creare il mondo[1]. L'*horos* è poi indispensabile per segnare i limiti umani, quelli che ci rendono *finiti* – mortali e inferiori a dio – e che non ci lasciano in balía di un vertiginoso *in-finito* (che non a caso i greci rendono con *àpeiron*, «senza confine»[2]).

Il *limes* è, dal punto di vista militare, la frontiera fortificata. Durante l'impero i *limites* erano strade presidiate da soldati, vi erano torri e posti di blocco. Il Limes per eccellenza separava il mondo romano da quello germanico dei barbari. È evidente che questa accezione militare non dà al termine nessuna predisposizione all'incontro. Il *limes* è un posto che non si può superare, un luogo di difesa da una minaccia e, ancora, lo spazio dove poli opposti si scontrano: dentro/fuori, amico/nemico, civile/barbaro, inclusione/esclusione, legale/illegale. Stando alla parola, appare chiaro sin d'ora che il confine di cui parlano vari politici ha a che spartire soltanto con l'idea di *limes* e non con l'accezione etimologica su cui ci apprestiamo a riflettere.

Non prima, però, di aver dato un'occhiata a un altro vocabolo latino che condivide la stessa radice ma che conserva caratteristiche proprie interessanti, il *limen*. Se anche questo vocabolo, corradicale del precedente, può indicare una linea di demarcazione, il suo primo significato è «soglia», «ingresso», «entrata». Non solo: «principio», «inizio», «esordio», «linea di partenza». Varchiamo la soglia, ad esempio, per entrare in casa (anzi, per sineddoche *limen* è anche l'abitazione nel suo insieme). Frequentare il *limen* significa stare sulla soglia, decidere se entrare o rimanere fuori. Vuol dire essere al principio di un'impresa, decidere di intraprendere un cammino, un'esplorazione che non sappiamo dove ci porterà e chi ci farà incontrare. Le esperienze cominciano sempre su una soglia. Ecco perché se il sinonimo piú vicino a *limes* è *terminus*, «termine», quello piú prossimo a *limen* è senz'altro *principium*, «inizio». *L'infinito* leopardiano non sarebbe possibile senza quella «siepe che da tanta parte | dell'ultimo orizzonte il guardo esclude». Essa è il *limen* che permette di intraprendere un'esperienza poetica e sensoriale altissima che, come sappiamo, condurrà l'io lirico a «naufragar[e]» nel «mare» dell'infinito. La siepe leopardiana, come ogni soglia fisica o simbolica, col suo impedimento chiede di essere oltrepassata. Il suo velare tende a rivelare.

Ma il *limen* è anche un segno che ammonisce. La soglia può essere fatale. Il «volo» dell'Ulisse dantesco, quando supera le colonne d'Ercole, fissate «acciò che l'uom piú oltre non si metta»[3], diventa «folle» perché non si limita a forzare l'ignoto, ma sfida direttamente una prescrizione divina.

Come si vede siamo in una condizione nuova, di apertura, di possibilità, di trasgressione. Tutto l'opposto del *limes*, che è arroccamento sulle proprie posizioni, conservazione dello *status quo*, degradazione dell'altro a minaccia di invasione.

E il confine? È limite o soglia? È un inizio o una fine? Cominciamo col dire che questa parola ha un'etimologia diversa dalla radice precedente. Il suo campo semantico di riferimento è un altro. «Confine» deriva da *cum* e dal sostantivo (maschile e femminile) *finis*. Sappiamo che *cum* vuol dire «con» e dove troviamo questa preposizione non c'è piú solitudine perché compare l'altro. *Finis* è invece un vocabolo molto antico, di cui non è semplice afferrare il significato primigenio. È senz'altro una parola ampia e iniziale, di forte valore antropologico, che inciderà profondamente sui concetti di identità e di unità della cultura romana. *Finis* indica prima di tutto la «fine», ma non secondariamente il «termine», il «fine», e molto altro. Dunque il confine è letteralmente il luogo dove si finisce insieme[4]. Gli attori del cammino arrivano a quello che aristotelicamente si può definire «termine ultimo» e intravedono l'altro. Giungono sulla soglia e qui si incontrano.

Confine allora vuol dire «frontiera», perché è il luogo dove ci si trova *di fronte* qualcuno e dove lo si può guardare negli occhi prima di decidere se farne esperienza da vicino, superando la soglia, o rimanere fermi sui propri pregiudizi, facendosi cioè bastare una conoscenza statica e preventiva, pur sapendo, come dice Benjamin, che «nello sguardo è implicita l'attesa di essere ricambiato»[5].

Dalla vista della frontiera si passa all'incontro del confine, al tatto: entrambe queste parole coinvolgono i sensi, cioè la conoscenza fisica, tutto il contrario della chiusura del *limes*, che la teme e la respinge bellicosamente. I soldati che custodiscono una barriera, infatti, sono tranquilli quando non si intravede, non si sente e non si incontra nessuno: quando l'altro, cioè, non ci minaccia con la sua presenza. Nel confine, invece, ci si guarda e ci si tocca perché, come ci ha insegnato Alessandro Leogrande, la frontiera è sempre «un varco che si apre»[6].

L'errore in cui a questo punto si potrebbe incappare è pensare che nel confine non vi sia il concetto di delimitazione. La delimitazione – lo abbiamo visto discutendo *horos* – è presente e non la si deve negare. Il confine non disconosce alterità e identità, semplicemente non le considera limitanti. Nega il muro, non la soglia. Questa parola, piuttosto, ci dice che il confine non va concepito come un territorio in cui si materializza la paura dell'aggressione e la perdita del sé, ma come uno spazio aperto, che rimarca un'alterità nel momento stesso in cui chiede di superarla. È un luogo in cui non serve rinunciare all'identità, che non è piú, come riteneva Aristotele, un'appartenenza ontologica, ma qualcosa che l'uomo moderno crea e costruisce quotidianamente[7]. Non sarà necessario rinnegarla, ma sapere che i luoghi della formazione sono da sempre luoghi di contaminazione[8]. L'incontro stesso è un atto di contaminazione perché ridiscute e modifica ogni volta ciò che siamo. Le parole e gli atti altrui ci cambiano continuamente.

È chiaro che la classicità con queste parole – che anche per greci e romani hanno rappresentato non di rado un'ossessione – imposta un ragionamento ricco e articolato, ricordandoci sia che il confine ci fa riconoscere, sia che ci chiede di andare oltre. Per non finire in un unico territorio liquido, dove tutto si appiattisce e confonde, abbiamo bisogno di confini, proprio come Esiodo racconta che per creare l'universo è stato indispensabile separare il cielo dal mare, gli dèi dagli uomini, la morte dalla vita. Perché la cultura occidentale possa continuare a essere – come vedremo piú avanti discutendo l'origine di «Parola» – un territorio di dialogo, di confronto, di riconoscimento dell'altro e delle sue ragioni, occorre sapere quali sono i confini di ciò che siamo e che vogliamo essere ma, nello stesso tempo, è fondamentale non dimenticare che la natura del *cum-finis* implica sempre un'apertura all'altro, un «finire assieme». Basta del resto guardare alla prima leggenda della storia di Roma, a Romolo che uccide il fratello Remo perché questi varca il perimetro del suo territorio, per comprendere come un confine che va nella direzione del *limes* sia sempre foriero di violenze.

Per questo il confine è il luogo del viaggiatore, di colui che va, e per questo, anche etimologicamente, non ha senso parlare di «e-migranti» e di «im-migrati», perché chi viaggia migra, attraversa soglie, e nessun viaggiatore può essere racchiuso in uno solo di questi termini. L'attraversamento, infatti, prevede sempre di lasciarsi indietro uno spazio (*ex*) e di entrare in un altro (*in*). Ogni volta che ci spostiamo siamo semplicemente «migranti», senza prefissi che sembrano piú utili a creare allarmismi sociali che a delineare complesse condizioni umane. Il verbo latino *migro*, del resto, è un'espansione della radice *mig*, che si può ricollegare al verbo «cambiare». Collegare la migrazione con l'aspirazione al cambiamento può essere utile per non disumanizzarla perché, al netto delle strategie politiche di cui una società articolata ha sempre bisogno, migrare non è una prerogativa esclusiva del nostro presente, ma una caratteristica costitutiva dell'individuo e di molti animali.

Forse, allora, il modo migliore di rendere il *cum-finis* è, come aveva intuito Leogrande, il «varco», parola che esplicita l'idea di attraversamento e che definisce la legittimità di spostarsi come immagine di libertà. Del resto sulle montagne sono stati dati i nomi prima ai passi e ai valichi e poi alle vette, perché quello che conta è avere nomi per chiamare i punti di incontro ben prima delle cime solitarie. Se la vetta resta un luogo mitico ma, nei fatti, uno spazio di solitudine, è interessante notare che la vera scommessa della montagna è sempre stata quella di costruire mulattiere e gallerie: di collegare per favorire l'incontro[9].

Lo storico Alexander Langer[10] diceva che di fronte a questa difficoltà contemporanea a riconoscersi in vecchi confini le soluzioni sono due: o li correggiamo o li superiamo. Correggerli vuol dire essere certi che il problema si ripresenterà per una nuova scontentezza quando le cose cambieranno ancora. Superarli, invece, non vuol dire cancellarli, ma sapere che siamo tutti troppo grandi e insieme troppo piccoli per privarci di punti di incontro, di soglie dove ci si possa guardare di fronte. Anzi, negli occhi.

[1] Esiodo, *Teogonia*, a cura di G. Arrighetti, Rizzoli, Milano 1994, vv. 736-810. Il confine, oltre a separare i vivi dai morti, il cielo dalla terra e a tenere nell'Ade ciò che può minacciare la vita, garantisce l'esistenza separata e ordinata degli elementi. È un confine, come nota Frankel, che è anche un'origine, proprio perché dirime il caos primordiale. Cfr. H. Frankel, *Poesia e filosofia della Grecia arcaica*, il Mulino, Bologna 1997, pp. 170-80.

[2] Per il concetto di *horos* cfr. G. Semeraro, *Le origini della cultura europea. Basi semitiche delle lingue indoeuropee*, vol. II, Olschki, Firenze 1994, p. 212. Per l'etimologia e la storia di *àpeiron* sono imprescindibili le pagine dello stesso autore, raccolte in *L'infinito: un equivoco millenario*, Mondadori, Milano 2001, pp. 43-51.

[3] Dante, *Inferno*, XXVI, v. 109.

[4] Sul confine cosí inteso ha scritto pagine interessanti M. Murgia, *Futuro interiore*, Einaudi, Torino 2016, pp. 32-33.

[5] W. Benjamin, *Di alcuni motivi in Baudelaire*, in *Angelus Novus. Saggi e frammenti*, ed. it. a cura di R. Solmi, Einaudi, Torino 2006, p. 124.

[6] A. Leogrande, *La frontiera*, Feltrinelli, Milano 2015, p. 41.

[7] F. Remotti, *Contro l'identità*, Laterza, Roma-Bari 1996, pp. 5-7. In particolare: «L'identità è un fatto di decisioni. E se è un fatto di decisioni, occorrerà abbandonare la visione essenzialista e fissista dell'identità, per adottarne invece una di tipo convenzionalistico. Nella prima visione (che, al solito, può essere fatta risalire ad Aristotele) l'identità "c'è" e ha soltanto da essere "scoperta"; nella seconda visione (quale è stata per esempio illustrata, negli anni Trenta del nostro secolo, dal matematico Friedrich Waismann) *non* esiste *l'*identità, bensí esistono modi diversi di organizzare il concetto di identità. Detto in altri termini, l'identità viene sempre, in qualche modo, "costruita" o "inventata"» (corsivi nel testo).

[8] *Ibid.*, p. 15. Remotti cita C. Geertz, *Interpretazione di culture*, il Mulino, Bologna 1987, p. 86: «il pensiero umano è fondamentalmente sia sociale sia pubblico [...] il suo habitat naturale è il cortile di casa, il mercato e la piazza principale della città».

[9] Cfr. S. Brevini, *I simboli della montagna*, il Mulino, Bologna 2018, p. 89.

[10] A. Langer, *Un nuovo federalismo*. Per questo discorso cfr. http://www.alexanderlanger.org/it/32/3536.

Felicità

Felicità, piú di tutte quelle del vocabolario, è una parola di cristallo. Si ha l'idea di romperla appena la si sfiora. Che nominarla sia già bruciarla, del resto, è una concezione che accomuna poeti e filosofi di ogni tempo («e dunque non ti tocchi chi piú t'ama», dice Montale)[1]. È poi tremendamente difficile discuterne perché, come ricorda Rousseau in un accorato brano del suo romanzo pedagogico: «Essere felici, caro Emilio! È questo il fine di ogni essere sensibile, il primo desiderio impresso in noi dalla natura, il solo che non ci abbandona mai. Ma dov'è la felicità? chi può dirlo?»[2]. Manca cioè un accordo definitivo sul nucleo tematico, non si riesce mai a inquadrare con precisione la parola, che offre il fianco alla filosofia e alla letteratura, alla giurisprudenza e alla religione, alla sociologia e all'economia. Non c'è accordo se sia un attimo di pienezza o una condizione esistenziale, una situazione priva di affanni o una prospettiva metafisica, se abbia a che vedere con la virtú o con la passione, se sia la realizzazione del desiderio o il desiderio stesso, se implichi l'altro o solo il nudo sé.

Cerchiamo appiglio, dunque, in qualche elemento della storia delle idee per poi arrivare a presentare il senso etimologico, un senso che piú di altri è stato schiacciato da nuove accezioni e da diverse appropriazioni semantiche e che, a maggior ragione, può disseppellire immagini e prospettive che facciano guardare in modi inediti a questa parola ancora misteriosa.

Dobbiamo risalire all'Umanesimo per cogliere il bivio che intraprende la discussione su questo tema. Eugenio Garin[3] ha mostrato come di quest'epoca esistano due stagioni, la prima civile e la seconda individualista. È dall'ultima che possiamo far cominciare un'idea di felicità assolutamente moderna, perché sarà proprio il filone individualista a teorizzare una scissione tra l'uomo e la comunità in cui è inserito: il singolo può occuparsi del suo appagamento senza curarsi del bene pubblico. Ci avviciniamo cosí a una felicità edonistica e, viceversa, ci allontaniamo da quella con una prospettiva sociale.

Ma c'è subito una cosa che colpisce. Nel leggere autori della prima stagione dell'Umanesimo; nel leggere intellettuali del calibro di Filangieri, Genovesi e, prima ancora, di Muratori – a cui si deve l'espressione di «pubblica felicità»; nel leggere persino gli illuministi francesi, balza subito all'occhio l'uso del vocabolo che, nel XV come nel XVIII secolo, viene di solito adoperato per indicare il benessere pubblico e privato. Non restano fuori soltanto, come è ovvio che sia, le sfumature intime e psicologiche figlie del Romanticismo e della psicanalisi, c'è proprio un uso della parola in un'accezione laterale, principalmente economicista. A ben vedere il fatto è strano solo a un primo sguardo, perché l'economia è una materia in cui, almeno fino al secondo Ottocento, si discute molto di felicità e delle sue relazioni con la comunità.

La svolta successiva sarà parlare di questa felicità-benessere in termini estranei non solo alla sfera economica, ma anche morale, senza connotazioni che abbiano a che vedere con l'etica e col giusto, agganciandola in modo definitivo all'individualità e alla soddisfazione personale del desiderio, che non va piú platonicamente educato ma liberato. Paradossalmente sarà proprio una ragione economica la causa di questa ulteriore evoluzione. Con l'avvento del capitalismo prima e della globalizzazione poi, l'idea di felicità si lega al possesso della merce, soppiantando i valori di gratuità e di reciprocità con una consequenziale dilatazione del desiderio: se tutto ha un prezzo, tutto diventa comprabile. Alla luce di questi mutamenti, non solo culturali ma antropologici, le cose cambiano. È piú difficile conoscere noi stessi e desiderare ciò a cui realmente aspiriamo perché la merce propinata dalla pubblicità e posseduta dalla massa condiziona le nostre scelte, rendendole quasi sempre anonime e spersonalizzanti.

Ma la felicità umanistica, quella dei *philosophes* settecenteschi, e questa felicità edonistica di cui continuiamo a parlare e a cui, ininterrottamente e nonostante tutto, aspiriamo, cosa condividono con l'origine della parola? La risposta, a mio avviso spiazzante, è che non condividono nulla. Aggiungo: inspiegabilmente nulla! L'aggettivo *felix* ha la stessa radice di *fecundus* ed è un termine riferito alla capacità di generare[4]. Lo troviamo, ad esempio, associato alle piante e agli alberi da frutto[5]. Per i romani, infatti, la Felicitas era una dea che portava frutti e piú genericamente ricchezza, fortuna, abbondanza, ecco perché sulle monete è quasi sempre rappresentata con una cornucopia. Se col tempo, all'incirca dalla tarda epoca imperiale, acquisterà il significato di «beato», il vocabolo non perderà mai la connotazione di «propizio». *Felix* è un aggettivo legato alla fertilità: il suo contrario è l'impossibilità di procreare. La radice di *felicitas* e del suo aggettivo va ricercata in *fela*, la «mammella», da cui il verbo *felo*, che vuol dire appunto «succhiare», «ciucciare il seno» (*fellatio* è un derivato osceno). Insomma *felicitas* è una parola seminale, che evoca la creazione e il nutrimento. È la pienezza fertile che, appagata della sua condizione, gode di rendere felice la creatura. *Felix*, infatti, è «colui che è felice», ma anche «colui che rende felice» (è poco usato ma esiste il verbo «felicitare»), con un uso transitivo che conferma questa tensione a un altro verso cui si avverte una forte responsabilità. Se dovessimo scegliere una sola immagine per restituire il senso etimologico dovremmo certamente prendere quella di una donna che allatta[6].

Ortega y Gasset, nelle sue *Meditazioni sulla felicità*, sostiene a piú riprese che solamente quando siamo assorbiti da qualche occupazione o siamo concentrati su qualcosa o qualcuno che amiamo, riusciamo a non avvertire infelicità[7]. L'immagine di una donna che allatta, con quella concentrazione esclusiva verso il bambino, è forse tra tutte quella piú calzante con la descrizione del filosofo. Il campo semantico è dunque non solo femminile, ma piú precisamente materno. La felicità è donna e madre. Non a caso l'infisso *-ic-* è esclusivamente di genere femminile – «nutr-ic-e», «levatr-ic-e» ecc. – e diversi dizionari etimologici alla fine della voce *femina* rimandano a *fecundus*, ricordandoci che la stessa radice vale anche per «feto» e, probabilmente, per «figlio»[8].

Alla luce di tutto questo è impressionante osservare come l'associazione con il benessere abbia preso il sopravvento nonostante una connotazione cosí forte e ancestrale e nonostante le discussioni pregresse della filosofia antica, che ha dibattuto alacremente di felicità mettendo sempre al centro passione e virtú, fisica e metafisica, fortuna e sfortuna, individualità e socialità. Eppure resta un fatto che l'aura femminile e creatrice si è persa: la parola non evoca né il seno né la madre. È però altrettanto vero che l'etimologia sa riportare alla luce quel significato primario e sa raccontarci di un linguaggio che metteva al centro la donna e il suo primato di generare e mantenere in vita. Viene il sospetto che sia stata la cultura maschilista a silenziare questa parola-donna che non si riferiva a nessun possesso, nessuna merce, nessuna brama, ma soltanto al nutrimento della vita altrui.

Questa tensione altruistica fa rimbalzare fino a noi la domanda se una felicità ripiegata sul benessere individuale sia effettivamente felicità. Se invece si può chiamare cosí solo ciò che, in senso letterale e metaforico, dà la vita, allora l'eco del significato originario ci permette forse di trovare slancio per lasciare piú spazio a una felicità intesa, secondo la visione di Lévinas[9], come «cura» e come «essere per l'altro», ribadendo il valore transitivo dell'aggettivo latino, che indica un bene che non richiama l'appagamento della pulsione, ma piuttosto quello della gratificazione e della gratuità. «Gratificazione» e «gratuità», infatti, non condividono solo una stessa radice linguistica, ma anche una logica estranea al commercio. Sono parole che riconoscono la dignità dell'individuo e che sanno restituire un'emozione morale[10]. Felicità diventa cosí una parola che fa riavvertire il bisogno che tornino a discuterne non solo sociologi ed economisti, ma anche filosofi e intellettuali perché era giusta l'intuizione di Aristotele: si può essere ricchi da soli, ma per essere felici bisogna essere almeno in due[11].

[1] *Felicità raggiunta, si cammina*, in E. Montale, *Tutte le poesie*, a cura di G. Zampa, Mondadori, i Meridiani, Milano 1984, p. 40.

[2] J.-J. Rousseau, *Emilio*, Mondadori, Milano 1997, p. 624.

[3] E. Garin, *L'umanesimo italiano. Filosofia e vita civile nel Rinascimento*, Laterza, Roma-Bari 1994, specialmente le pp. 94-97.

[4] Non è certo un caso isolato, *laetitia* («gioia», «letizia»), ad esempio, condivide la stessa radice di *laetamen* («letame»), indispensabile per nutrire e far germogliare la terra.

[5] Ai fini di questo discorso è interessante osservare che gli alberi da frutto, in latino, sono tutti di genere femminile proprio perché era avvertita la loro capacità di generare. Mi piace poi ricordare che Mario Rigoni Stern in *Arboreto salvatico*, Einaudi, Torino 1996, p. 87, parla a piú riprese degli «alberi felici»: «Gli antichi autori classici (Catone, Frontone, Apuleio, Plinio ecc.) pongono il melo tra gli *alberi felici*, ossia tra "quelli che servir potevano gli intendimenti della religione, della morale, e dell'agricoltura". E quante leggende, miti, versi e opere d'arte sono state ispirate da quest'albero!»

[6] Gli etimologisti concordano nel sostenere che, seppure non vi sia un uso esplicito della parola come atto di dare il latte, tutto propende per quel significato originario.

[7] J. Ortega y Gasset, *La felicità e la caccia* in Id., *Meditazioni sulla felicità*, SugarCo edizioni, Milano 1986, pp. 56-67. A p. 61 si legge: «Quando siamo presi da un'occupazione che ci rende felici ci rimane in bocca un certo sapore, quasi stellare, di eternità». Cfr. anche il saggio *Teoria della felicità* alle pp. 39-55.

[8] L'aggettivo *ferax*, che ha la stessa radice, vuol dire «fertile».

[9] È la tesi del capolavoro di E. Lévinas, *Totalità e infinito*, Jaca Book, Milano 1980. La caratura etica si nota da passaggi come questo, pp. 85-86: «Il volto mi parla e cosí mi invita a una relazione che non ha misura comune con un potere che si esercita, fosse anche godimento o conoscenza. [...]. L'infinito si presenta come volto nella resistenza etica che paralizza il mio potere e si erge dura e assoluta dal fondo degli occhi senza difesa nella sua nudità e nella sua miseria. La comprensione di questa miseria e di questa fame instaura proprio la prossimità dell'Altro».

[10] Cfr. J. T. Godbout, *Lo spirito del dono*, Bollati Boringhieri, Torino 1993, pp. 121-28 e 215-33 e in particolare p. 219: «Il dono contiene sempre un al di là, un supplemento, qualcosa di piú, che si cerca di definire con gratuità. È il valore del legame».

[11] Aristotele, *Etica Nicomachea*, a cura di C. Mazzarelli, Bompiani, Milano 2000, libro IX, 1169b, p. 359: «È certo assurdo fare dell'uomo felice un solitario: nessuno, infatti, sceglierebbe di possedere tutti i beni a costo di goderne da solo: l'uomo, infatti, è un essere sociale e portato per natura a vivere insieme con gli altri. Questa caratteristica, quindi, appartiene anche all'uomo felice [...] L'uomo felice dunque ha bisogno di amici». Ma i passi che insistono su questa visione della felicità e dell'uomo come animale sociale sono molti in tutta l'opera.

Social

Le piazze, sia come ritrovo politico, sia come luogo dove rimediare una giornata di lavoro, o dove fare due chiacchiere, ormai sono quasi sparite. Senz'altro godono di una salute migliore quelle virtuali, dietro le quali, va detto, ci sono comunque le persone, magari nascoste o mascherate, ma si tratta pur sempre di uomini in carne e ossa, col loro carico di fragilità e aspettative. Dall'agorà alla piattaforma cambiano molte cose, ma la prima è senz'altro il linguaggio, che nella piazza virtuale è piú solipsistico e meno progettato. Per entrare in una di queste piazze non servono solo username e password, non sono auspicabili soltanto fotografie e slogan che ci presentino efficacemente, ma bisogna conoscere determinati vocaboli che corrispondono alle azioni essenziali da compiere per interagire con gli altri. Questi vocaboli, di cui tutti abbiamo interiorizzato il senso vecchio e nuovo, sono stati presi dal nostro bagaglio linguistico piú tradizionale e vengono ripresentati con significati inediti su cui può essere interessante riflettere. Ne passerò in rassegna quattro: «amicizia», «social», «condividere» e «consultare».

Prima dei social network l'«amicizia» si faceva. Si andava al mare e ci si faceva degli amici, si cambiava città e si stringeva amicizia con nuove persone, poteva capitare di incontrare qualcuno e di farci prima amicizia e poi l'amore (o viceversa). Del resto entrambe le parole hanno la stessa radice (*am-*) e il senso di *amare* in latino è assoluto, riguarda cose e persone, sfera erotica e sentimentale, concerne la stima e la simpatia. In amicizia come in amore è questione di continuità, di conoscenza, di affinità, di esplorazione. È tutto questo (e molto altro) quello che nei sentimenti chiamiamo «fare». È un costruire, ossia *cum struo*, «sovrapporre degli strati». L'obiettivo, infatti, è ammassare ordinatamente e con criterio, in modo che si possa arrivare in alto salvaguardando l'integrità del tutto. Le relazioni, del resto, si misurano anche dalla solidità. È talmente evidente l'idea di questo fare-fabbricare, che quando un legame finisce diciamo che si rompe, si spezza, usiamo immagini che si riferiscono alla distruzione (*dis-struo*) di quegli strati pazientemente sovrapposti.

I social network, ma non solo, hanno preso la parola amicizia – una parola ampia, antica – e l'hanno recisa dal suo fare. Infatti l'amicizia, sul web, si dà. Non si crea, non si costruisce: si richiede. In questo «dare» c'è chiaramente una concessione, che colloca chi dà in una posizione di superiorità rispetto a chi richiede. «Dare l'amicizia», poi, non corrisponde a conoscere la persona, perché alle spalle non c'è stato nessun fare. Dare, infatti, sarebbe un atto successivo al fare amicizia: è concedersi dopo che sentiamo con forza dei sentimenti, dopo che li vediamo accolti dall'altro, dopo che percepiamo fiducia. Cominciare col dare – un dare che, però, non significa dar*si* – può invece bruciare i passaggi precedenti come l'interesse, il corteggiamento, il contatto. Anzi, può accadere che dopo questa concessione, che ci include ma non è detto che ci accolga, non ci sia piú niente da «fare». Tutto in un attimo si esaurisce e con lo stesso assenso distratto si passa alla richiesta successiva.

La stessa parola «social», del resto, richiama riflessioni analoghe. L'inglese «social», come l'italiano «sociale», derivano dal latino *socius*, che letteralmente è «colui che accompagna», che cammina insieme stando al nostro passo. Il *socius* nel diritto romano è l'«alleato», accezione che è rimasta per indicare la persona con cui intraprendiamo un'impresa come, ad esempio, aprire un'attività commerciale (socio d'affari). C'è questa idea di alleanza data dal camminare vicini, dall'accompagnare, dal sostenere, dal condividere dei rischi. La *societas* è una «compagnia», e il verbo *socio*, appunto, sta per «associarsi». Un buon sinonimo di *socius* è *comes*, letteralmente «colui che viene con noi», dunque il compagno, che è «colui con cui si spezza il pane».

Alcune ricostruzioni poco attendibili mettono in relazione *socius* col verbo *sequor*, «seguire». Ma il *socius* non è colui che segue, non è chi sta dietro o chi sta davanti. «Io sarò primo e tu sarai secondo»[1], dice Virgilio a Dante prima di cominciare il viaggio infernale e i due, infatti, non sono *socii* perché tra loro c'è una gerarchia ben definita: uno è il maestro, il saggio, il modello, l'altro è il discepolo, sempre a rischio di smarrirsi senza una guida che lo soccorra.

Di questo procedere insieme, nella dimensione social, non c'è niente. Noi siamo *social* sempre da soli: è un momento che ci ritagliamo per guardare immagini, leggere parole che arrivano da uno spazio senza confini e, soprattutto, senza filtri. L'alleanza non c'è. Siamo noi che lanciamo messaggi e attendiamo di vedere quanti li leggeranno, quanti dimostreranno la loro amicizia con un *like* (parola, questa sí, onesta). Piú che procedere assieme, l'idea è quella di uno scorrere indefinito e convulso, da cui possiamo ricavare piaceri piú superficiali di quelli per cui c'è bisogno di «fare».

A differenza delle precedenti, la parola «condivisione» non riguarda solo i social, ma moltissime attività che si possono fare in rete e rappresenta forse l'apice dello sbandamento del significato letterale. Abbiamo già incontrato *cum*, dunque partiamo da questa preposizione. *Condividere*, lo sappiamo, è «dividere con qualcuno», significa privarsi di ciò che terremmo per noi per offrirlo ad altri. Il compagno è, appunto, uno che condivide perché si toglie il pane di bocca. Questa ricognizione cosí essenziale è già sufficiente per osservare piú criticamente ciò che accade in rete. Condividere – un file, un'immagine, un testo – è il contrario di dividere con qualcuno. Quando condividiamo in realtà fotocopiamo, mandiamo a uno o a mille contatti qualcosa di nostro, senza privarci di niente. La condivisione del web è in realtà una moltiplicazione che non fa i conti con nessuna sottrazione. Non c'è nulla di male in tutto questo – il web ha portato vantaggi straordinari e inimmaginabili nella vita di tutti –, ma va riconosciuto che il significato è geneticamente modificato, ci illude di compiere un'azione virtuosa che non stiamo compiendo. La vera possibilità di questo condividere è semmai la distribuzione, la diffusione, la propagazione. La prova del nove è che se vogliamo usare la condivisione per uno scopo personale, diciamo pure egoistico, possiamo farlo con facilità. Per condividere non abbiamo bisogno di nessuno, nemmeno di chiedere il permesso ai destinatari, che forse non saranno poi cosí interessati a quello che stiamo per mandare. In una condivisione di questo genere, dove non vi è rinuncia e dove non c'è bisogno di interpellare l'altro, tanto il *cum* quanto il *dividere* sono falsi.

Questo *cum* ipocrita lo si vede anche in un'altra azione che compiamo una o infinite volte al giorno: la «consultazione». Sappiamo con certezza che «consultare» deriva da *consulo*, che vuol dire «riunirsi per decidere», «deliberare», «mettere all'ordine del giorno», ma non sappiamo cosa indichi davvero la radice del verbo. Ci sono ipotesi suggestive ma poco attendibili che vanno da un antico *sedeo*, «sedere insieme» (per riflettere su cosa deliberare); o «camminare insieme», da una radice sanscrita; o ancora da *sileo*, «fare silenzio», concentrarsi per riflettere sul da farsi. Ma, appunto, sono poco attendibili.

Lo stesso mistero ammanta *consul*, il «console», e non potrebbe essere altrimenti visto che il rapporto tra nome e verbo non è in discussione. Di certo i consoli erano due perché dovevano consultarsi per trovare un accordo. Il loro potere, almeno sulla carta, era pari e questa doppiezza era la condizione necessaria per arginare il pensiero unico e l'assolutismo. Insomma, quel che sappiamo, del verbo e delle sue diramazioni lessicali, è il significato generale: chi non conosce, chi non sa o non può decidere da sé, ha bisogno di chiedere una «consulenza» a qualcuno che abbia l'autorevolezza per darla. Solo dopo averla ottenuta potrà *aestimare* – «giudicare», «considerare» – e quindi decidere. L'unica parte certa della parola è ancora una volta il prefisso *cum*, che ci dice che la consulenza o la lacuna da colmare dobbiamo cercarla nell'altro, che sia il console nostro pari, il Virgilio che ci guida, o la sapienza del saggio.

Cosa accade invece nel web? In quella dimensione non è detto che riusciamo a individuare chi davvero ne sa piú di noi o ha l'autorevolezza per darci una consulenza. L'autorità in rete bisogna saperla individuare nel *mare magnum* delle fonti non verificate, dei tribuni improvvisati, e questo diritto di cittadinanza a qualsiasi voce, se in un primo momento ci sembra la realizzazione della democrazia, a uno sguardo piú attento, come osserva Claudio Giunta[2], diventa una «caricatura della democrazia», la quale prevede sí che tutti possano pronunciarsi, ma che lo debba fare solo chi conosce ciò su cui si esprime. Tutto questo affollamento anarcoide, se non lo sappiamo filtrare e ordinare, può provocarci sconforto e farci girare a vuoto. Estrarre una fonte attendibile è un'operazione destinata a diventare un'impresa sempre piú difficile. Lo vedremo anche discutendo la parola «memoria»: i rischi che il sistema ci mostri ciò che vuole, in un ordine che non abbiamo deciso, secondo una classifica che tiene conto piú delle nostre abitudini di consumatori che di noi come persone, piú delle fonti suggestive che di quelle argomentative, sono altissimi e ancora troppo poco risaputi[3].

Per l'uomo davanti allo schermo sono state confezionate parole che non ne rispecchiano la solitudine, ma che ne scacciano il fantasma. Il mondo del web ci propone parole tradizionali, positive e rassicuranti, che illudono di riprodurre esperienze nobili e antiche come l'amicizia, come l'incontro lungo la strada di un compagno che ci donerà un pezzo del suo pane, come la consultazione immediata con qualcuno piú saggio di noi quando i dubbi ci assalgono. In verità, tutto questo non accade e ciò di cui si sente il bisogno è anzitutto una parola che con onestà descriva gli atti che compiamo, perché solo nominandoli per ciò che sono li potremo umanizzare e guardare nella loro complessità[4].

[1] Dante, *Inferno*, IV, 15.
[2] C. Giunta, *L'assedio del presente. Sulla rivoluzione culturale in corso*, il Mulino, Bologna 2008, p. 72.
[3] Trovo, a questo proposito, particolarmente efficaci le osservazioni di P. Rossi in *Il passato, la memoria, l'oblio*, il Mulino, Bologna 1991, p. 85, che parlando di immagini ricorda come «nello stile di pensiero dei pubblicitari sopravvivano comunque, e con forza, alcune antiche convinzioni: 1) che le immagini siano una forza di linguaggio universale particolarmente adatta agli illetterati, ai bambini, ai non dotti; 2) che la trasmissione del sapere mediante "pitture" abbia funzioni persuasive, serva cioè a dar luogo a convincimenti che si traducono in comportamenti; 3) che ciò che davvero conta non sia la coerenza dell'argomentazione e la cogenza delle dimostrazioni, ma la forza delle suggestioni». Quanto ai rischi di recuperare sul web solo risultati parziali: è la cosiddetta «profilazione», la quale prevede che piú consultiamo piú, paradossalmente, il campo si restringe. I «risultati» proposti si riducono sempre piú a ciò che il sistema individua come una nostra aspettativa senza puntare alla soddisfazione della ricerca in sé.
[4] Kant, nella quarta tesi di *Idea per una storia universale dal punto di vista cosmopolitico* (1784), a proposito della socialità umana, parla di «insocievole socievolezza». Tutto il passo in cui viene citata questa celebre espressione rende bene la complessità necessaria per discutere di socialità: «Per antagonismo intendo qui la insocievole socievolezza degli uomini, vale a dire la loro tendenza ad unirsi in società, che tuttavia è congiunta ad una continua resistenza, la quale minaccia continuamente di sciogliere tale società. Nella natura umana c'è con evidenza la disposizione a tutto questo. L'uomo ha un'inclinazione ad associarsi: poiché in tale stato sente in maggiore misura se stesso in quanto uomo, sente cioè lo sviluppo delle sue disposizioni naturali. Ha però anche una forte tendenza ad isolarsi: perché trova in sé allo stesso modo la proprietà insocievole di voler condurre tutto secondo il proprio interesse, e perciò si aspetta resistenza da ogni lato, come sa di sé che egli, a sua volta, è inclinato a far resistenza verso gli altri». Per il testo cfr. I. Kant, *Sette scritti politici liberi*, traduzione e cura di M. C. Pievatolo, Firenze University Press, Firenze 2011, pp. 27-39.

Memoria

Forse la necessità di chiarire parole come «passato», «memoria», «ricordo» è prima di tutto rivolta a me stesso. Uno scrittore, infatti, non si occupa d'altro che di memoria. Anche quando scrive il piú sperimentale e futuristico dei romanzi, il passato, individuale e collettivo, rappresenta il bagaglio piú ampio da cui attinge, la dimensione temporale che influenza il suo sguardo sul mondo e che determina la visione delle cose di cui vuole farsi portavoce. Non confondere queste parole significa allora salvaguardarsi dal credere interessante un episodio della propria vita che non ha collegamento con quella degli altri, distinguere un'attività intellettuale da una esclusivamente emotiva, cercare di selezionare ciò che riguarda ancora l'oggi da ciò che ormai se n'è per sempre distaccato.

L'etimologia di «passato» è semplice, deriva dal latino *passus*, «il passo», inteso come misura di lunghezza. Siamo di fronte a una parola-metafora, perché la progressione nello spazio è l'immagine con cui ci riferiamo all'unica direzione che ci è concessa, quella di procedere dalla nascita alla morte. Il passo siamo noi che avanziamo sulla linea del tempo. «Passato» è un termine assoluto, indica ciò che ci siamo lasciati alle spalle. Cose, persone, luoghi, sentimenti: ogni istante che abbiamo riempito o che è rimasto vuoto si può catalogare sotto questa voce. «Il passato», come dice Bergson, «è per essenza ciò che non agisce piú»[1].

Del passato, a meno che non ci sia toccata la sorte di Funes il Memorioso, non ricordiamo tutto:

> Noi, in un'occhiata percepiamo: tre bicchieri su una tavola. Funes: tutti i tralci, i grappoli d'uva e gli acini d'una pergola. Sapeva le forme delle nubi australi dell'alba del 30 Aprile 1882, e poteva confrontarle, nel ricordo, con la copertina marmorizzata d'un libro che aveva visto una sola volta, o con le spume che sollevò un remo, nel Rio Negro, la vigilia della battaglia di Quebracho[2].

Questo personaggio di Borges, affetto da quella che Paolo Rossi chiama «patologia del ricordo»[3], di ogni giornata ricorda tutti i frammenti, tutti i retroscena. Proprio per questo dirà: «Ho piú ricordi io da solo, di quanti non ne avranno avuti tutti gli uomini insieme, da che mondo è mondo», «I miei sogni sono come la vostra veglia», «La mia memoria, signore, è come un deposito di rifiuti»[4]. A chi non è toccato lo stesso destino, ciò per fortuna non accade perché la nostra mente è una lavagna su cui continuiamo a scrivere ma anche a cancellare, atto indispensabile quanto il suo contrario[5].

Per ricordare, vale a dire per estrapolare da quell'inesplorabile contenitore che è il passato, abbiamo bisogno di attivare la memoria. Il termine «attivare» è un buon modo per iniziare a comprendere la differenza con il passato. Se il passato è la parte della clessidra in cui la sabbia non cessa di cadere anche se restiamo immobili, la memoria, invece, ha bisogno di attivarsi. Benché esistano, per riprendere la terminologia di Bergson, una «memoria meccanica» – quella che ci fa pronunciare una parola senza che ricordiamo quando l'abbiamo imparata – e una «memoria rievocativa»[6] – quella che ci fa richiamare episodi e sentimenti ormai lontani –, la memoria va generalmente attivata. Lo sforzo che ci richiede è tutto descritto nell'etimologia del vocabolo che indica sí l'atto di ricordare, ma soprattutto la capacità di rappresentare un evento accaduto. Nel verbo *memini* (e nel suo corrispondente greco *mimnèsko*) c'è il progetto, l'intenzione, la costruzione, insomma le componenti del pensiero. Questo sforzo di recuperare un brandello di tempo e di rappresentarlo fa sí che il verbo designi anche il racconto, la narrazione. Le «memorie», infatti, sono un genere letterario.

I derivati di *memini* sono moltissimi, dal sostantivo *mens*, la «mente», al verbo *moneo*, «ammonire», «far tornare alla mente», fino al *monumentum*, che indica il bisogno di ricordare e la ribellione dell'uomo di fronte al *tempus actum*, il «tempo che si è consumato». Il «monumento», se prendiamo una scultura, è la memoria che si fissa nella pietra per affrontare i rischi sempre incombenti dell'oblio (a proposito: «obliare» ha a che fare proprio con la scrittura, la sua etimologia non è del tutto sicura, ma nella radice *-li-* vi si legge l'aggettivo *lēvis* [levigato], dunque un'erosione della traccia fino alla sua cancellazione).

Ci siamo cosí allontanati dal «passato», parola passiva e statica, che si riferisce alle orme dei nostri passi, che potranno cancellarsi, essere cancellate o perdurare. Perché restino è necessaria la memoria, parola attiva e dinamica, che assume cosí una connotazione etica: è dalla sua attività, infatti, che dipende la vita del passato, il quale può farsi polvere o *monumentum*. Siamo di fronte a un atto intellettuale, che implica capacità di selezione degli eventi al fine di restituire loro cittadinanza nel nostro presente. Che le Muse nel mito greco siano figlie della Memoria (Mnemosyne), mi pare la prova piú stringente per comprendere come le arti siano state concepite proprio per tramandare e sfidare il tempo. Ecco perché un artista lavora con la memoria e non col passato in sé. Perché il suo compito è individuare quei soli elementi che andranno salvati dall'oblio, riportarli nel presente e proiettarli nel futuro: «tra-mandare» vuol dire proprio compiere questo attraversamento[7]. Quello che troviamo nell'arte è il passato che non si è risolto e che non si è ancora distaccato dal presente, ma che anzi continua a chiamarlo in causa.

La funzione etica della memoria, dunque, ne sancisce anche la sua dimensione pubblica: salviamo ciò che per la sua ricchezza di senso può illustrare una condizione attuale, ciò che non abbiamo ancora analizzato a sufficienza, ciò che è giusto non dimenticare; per dirla con Bergson, ciò che desta la nostra «attenzione alla vita»[8]. Le schegge che recuperiamo sono ferite che non si sono rimarginate e che ci chiedono cura e comprensione perché non si sono mai cicatrizzate. La memoria, da questo punto di vista, può essere solo dolente e problematica, perché ciò che è quieto e pacificato, non essendo ferita, diventa passato, neutro accumulo di materiale che non si aggancia all'oggi e che non ha un interesse pubblico. Vedremo tra breve che questo secondo caso, come quello del recupero dei momenti positivi, avrà a che fare con il ricordo.

Se dovessimo trasformarli in tempi verbali, il passato sarebbe senz'altro il passato remoto, quello che i latini chiamavano *perfectum*, il tempo concluso, finito, perché si è distaccato dal presente. La memoria sarebbe invece il passato prossimo, quel tempo che riversa ancora le sue conseguenze sul presente («vuoi mangiare qualcosa?», «No, grazie, ho già pranzato», dove l'aver «già pranzato» ha come conseguenza che adesso non mangerò e quindi rifiuterò l'offerta)[9].

La memoria è, insomma, ciò che sa rimettere in discussione l'oggi. È, per dirla con Pasolini, una «forza contestatrice», capace di «far crollare il presente»[10]. Per questo il potere ha sempre avuto la necessità di stordirla, di dominarla, di rimuoverla, di alterarla. *Di-menticare* significa «far uscire dalla mente», «rendere de-mente», potremmo dire con una traduzione volutamente estrema. Significa, cioè, intaccare la nostra parte razionale, inibire l'analisi critica della storia. Ecco perché le dittature praticano continuamente censure e revisionismi, perché un esercizio critico della memoria è sempre una manifestazione di libertà. I *monumenta* ricordano ciò che è pericoloso dimenticare (penso a Primo Levi), o ciò di cui è ancora pericoloso parlare (penso a Salman Rushdie). Questo chiamare in causa ciò che è scomodo dona alla memoria una funzione morale, per la sua capacità di rivitalizzare un passato che rischia di essere manipolato o di essere consegnato frettolosamente all'oblio perché addita delle responsabilità.

E il ricordo? «Ricordo» è una parola diversa, letteralmente è il «ritorno al cuore» (*re*, prefisso che designa un movimento all'indietro, e *cor*, il «cuore»). Siamo in un campo semantico diverso. L'ambito non è piú quello razionale e intellettuale, ma emotivo e sentimentale. I ricordi sono soggettivi, mentre la memoria è generalmente collettiva. Ci sono ricordi solo nostri e slegarli dall'intimità vorrebbe dire snaturarli. Il ricordo, poi, non prevede lo stesso esercizio, non è uno sforzo della mente. Esso ri-emerge all'improvviso, senza che lo vogliamo, in un momento di distrazione: indica un reflusso, non una progettualità. Bergson avvicina i ricordi a quella che chiama «memoria spontanea», a cui riconosce, come poi Proust, una potenza creativa che la «memoria meccanica» non possiede. Possiamo anche rievocare un ricordo perché questo continua a presentarsi o perché ci ossessiona, ma la sua natura è quella di coglierci. È questo sorprenderci improvviso che genera la nostalgia, etimologicamente «il dolore per la voglia di tornare a casa», dove la casa non è solo la Itaca di Ulisse, con Penelope che lo attende, ma il simbolo di tutto ciò che si è ormai allontanato dal presente e che non potremo riagguantare nella sua identica forma. Insomma, il ricordo è un'impressione emotiva, un'epifania che ci esplode davanti e il suo ri-torno può darci conforto o rimarcare un dolore. Non è casuale che i ricordi non si «di-mentichino», ma si «s-cordino»: quando non ci segnano piú, quando si riducono a «barbagli», per usare una parola cara a Montale, «escono dal cuore».

Ovviamente non si tratta di stabilire gerarchie. Il ricordo, con la sua soggettività e la sua intimità, non ha una potenza conoscitiva inferiore alla memoria. L'esplosione di un ricordo può rivelarci significati mai agguantati dalla «memoria volontaria», come la chiama Proust. Quella produttiva, secondo lui, è proprio la «memoria involontaria», che si attiva inaspettatamente e che in un istante imprevisto può colpire i nostri sensi (come accade con la *madeleine*), aprendoci mondi rimossi che di colpo si disvelano in tutta la loro forza. È dal ricordo che nascono, a ben vedere, il «rim-pianto» e il «rimorso»: il ritorno del dolore per la violenza con cui si è consumato un tempo a noi caro e il reflusso del dispiacere per un passato che non è coinciso con i nostri desideri, la cui luce antica si proietta malinconicamente sul nostro oggi.

In entrambi i casi – memoria e ricordo – siamo ciò che ricordiamo. Siamo quello che sappiamo recuperare e, insieme, quello che il nostro inconscio ci ripresenta. Ciò che rammentiamo ha la possibilità di mutare il presente e noi stessi. Quando questo avviene, secondo la definizione di Frank Kermode, il *chronos*, il tempo cronometrico che fugge senza sosta, si trasforma in *kairòs*, il tempo determinato che coinvolge il soggetto e lo proietta fuori dal suo passato[11]. Che sia un'epifania o un faticoso sforzo della mente, ricordare è liberare dalla prigionia del presente, che è di per sé miope.

Riconoscere una funzione civile all'esercizio della memoria non vuol dire allora agguantare la verità, che per molti aspetti resterà sempre inafferrabile, ma, come suggerisce l'etimologia, educare al pensiero e imparare a narrarlo; poter accedere a un tempo che non è solo progressione lineare, ma infrazione di questa logica; fare testimonianza.

Adesso – in quest'èra digitale dove resta traccia di tutto – «memoria» indica anche uno spazio di archiviazione di qualsiasi cosa. Si parla di memoria riferendosi a un dispositivo elettronico capace di imprimere un'immagine, un suono, un testo, senza che nessuno di questi debba possedere quella ricchezza di senso necessaria al *monumentum*. Anzi, quasi sempre non ce l'ha. Internet ha cambiato la fenomenologia della memoria, la conservazione non avviene piú sulla base di quel criterio. Tutto è memorizzabile e di tutto è possibile tenere traccia. Non solo: adesso la memoria non si presta soltanto a essere consultata, è anche lei che consulta noi.

Come abbiamo visto alla voce «social», questa memoria ci usa, mostrandoci prima di tutto ciò che ritiene adatto al nostro profilo.

Questa archiviazione ininterrotta della nostra navigazione non diventa mai definitivamente passato, ma può sempre essere riesumata e venirci ripresentata, anche come conto da pagare. In questo modo, come nota Viktor Mayer-Shönberger[12], il nostro diritto all'oblio[13] – ossia il nostro legittimo bisogno di annullare e dimenticare per sempre un'azione, un'immagine o un pensiero – è fortemente minacciato; e nello stesso tempo dobbiamo constatare che l'accesso alla memoria di qualsiasi tempo e qualsiasi luogo non ha rafforzato la nostra coscienza storica. Lo osservava benissimo Andreas Huyssen[14] già vent'anni fa:

> Una fondamentale e incomprensibile contraddizione della nostra cultura. L'indiscutibile declino della storia e della coscienza storica, la critica nei confronti dell'amnesia politica, sociale e culturale e i vari discorsi, celebratori o apocalittici, sulla *posthistoire* sono stati accompagnati negli ultimi quindici anni da un boom della memoria senza precedenti.

Siamo passati a una memoria primariamente intesa come hardware esterno a cui ricorrere ogni volta che non sappiamo o non ricordiamo. L'illusione in cui si può incappare, a questo punto, è quella di ritenere inutile imparare e sapere in nome di una possibilità di consultazione continua, immediata, compulsiva. Uno studente di qualche anno fa, durante un'interrogazione, mi aveva risposto che non gli serviva conoscere ciò che gli stavo chiedendo perché, all'occorrenza, avrebbe potuto cercarlo su Google. Se già allora avessi letto i libri di Francis Eustache, avrei potuto rispondergli senz'altro meglio di come avevo fatto. Il neuropsicologo, infatti, sottolinea a piú riprese come la memoria sia prima di tutto la *mia* conoscenza (ciò che ho dentro), la quale è indispensabile per fare una sintesi con quello che via via apprendo (ciò che sta fuori)[15]. Non un mero accumulo di informazioni, dunque, ma una capacità di selezionare le conoscenze e di metterle in relazione tra loro. Da questo punto di vista, la memoria esterna e la memoria interna sono ancora lontane dal trovare un equilibrio: ovviamente lo sbilanciamento è tutto verso quella artificiale, che schiaccia e rimpicciolisce sempre di piú quella umana. Ancora una volta è l'etimologia a darci segnali: se diminuisce la considerazione verso la memoria umana (*homo*), i rischi di perdere il contatto con l'*humus* (la «terra», che in questo caso si contrappone all'etere del web) e i rischi di perdere l'umiltà (*humilitas*), qualità indispensabile per imparare, si fanno sempre piú reali. L'alterazione etimologica, del resto, riguarda la stessa «memoria», che in questo modo non indica piú il «progetto», ma il semplice «accesso», l'accumulo indiscriminato di informazioni: una sorta di «sviluppo» ipertrofico che, per riprendere ancora Pasolini, non coincide con un effettivo «progresso»[16].

Insomma, questa nuova memoria esterna, che ci monitora e si costruisce un'immagine di noi, ricordando anche ciò che dimentichiamo, è una sorta di *monstrum* (altra parola che si allaccia al verbo *memini*) che, insieme a tutte le straordinarie innovazioni che hanno rivoluzionato e migliorato il mondo, presenta pure dei limiti di natura epistemologica e morale. A maggior ragione è fondamentale tenere vivo il potere selettivo della memoria umana, l'unica che può mantenere una dimensione etica, una funzione critica e, appunto, una capacità di sintesi. È questa memoria piú fragile, che vive costantemente sotto la certezza dell'invecchiamento e sotto la minaccia dell'oblio, la sola che può salvarci dalle scorie che sovraccaricano e inquinano la comunicazione, il pensiero, i nostri ricordi.

[1] H. Bergson, *Materia e memoria*, Laterza, Roma-Bari 2011, p. 55.
[2] J. L. Borges, *Funes, o della memoria*, in *Finzioni*, Einaudi, Torino 2005, p. 92.
[3] P. Rossi, *Il passato, la memoria, l'oblio* cit., p. 36.
[4] J. L. Borges, *Funes, o della memoria* cit., p. 92.
[5] Che non ricordare tutto sia una fortuna è, del resto, già una tesi ciceroniana, come si può leggere nel famoso aneddoto su Temistocle in *De fin.*, II, 32: «Temistocle a Simonide o a qualcun altro che gli prometteva l'arte della memoria disse: "Preferirei quella della dimenticanza; poiché ricordo anche ciò che non voglio, ma non riesco a dimenticare ciò che voglio"». Cfr. Cicerone, *Opere politiche e filosofiche*, a cura di Nino Marinone, UTET, Milano 2010, vol. II, pp. 215-17.
[6] Queste distinzioni sono presenti in H. Bergson, *Materia e memoria* cit., pp. 63-150.
[7] Su tutti i possibili riferimenti che questo tema richiama, c'è un'ottava della *Gerusalemme liberata* che sembra quasi condensarli tutti: «Degne d'un chiaro sol, degne d'un pieno | teatro, opre sarian sí memorande. | Notte, che nel profondo oscuro seno | chiudesti e ne l'oblio fatto sí grande, | piacciati ch'io ne 'l tragga e 'n bel sereno | a le future età lo spieghi e mande. | Viva la fama loro; e tra lor gloria | splenda del fosco tuo l'alta memoria». Cfr. T. Tasso, *Gerusalemme liberata*, a cura di L. Caretti, Einaudi, Torino 1993, XII, 54, p. 373.
[8] H. Bergson, *Materia e memoria* cit., p. 145.
[9] Un romanzo di A. Ernaux, *Un'altra figlia*, L'orma editore, Roma 2016, rende benissimo l'idea di una memoria cosí intesa. L'autrice, io narrante della vicenda, scopre fortuitamente di aver avuto una sorella, morta di difterite due anni prima che lei nascesse. Questa scoperta porta a una rilettura del passato e a un diverso sguardo sul presente. La memoria, sembra dirci Ernaux, è un'indagine che muta tutte le dimensioni del tempo.
[10] Cfr. P. P. Pasolini, *Polemica politica potere. Conversazioni con Gideon Bachmann*, a cura di R. Costantini, Chiarelettere, Milano 2015, p. 56.
[11] F. Kermode, *Il senso della fine. Studi sulla teoria del romanzo*, introduzione di G. Ferrari, Sansoni, Firenze 2004 (ma l'edizione originale è del 1967), pp. 43 sgg.
[12] V. Mayer-Shönberger, *Delete. Il diritto all'oblio nell'era digitale*, Egea, Milano 2010. Si discute questa tesi, con esemplificazioni e argomentazioni interessantissime, nei primi due capitoli del volume, pp. 2-80.
[13] Il dibattito sui diritti del web e sulla sua regolamentazione è ormai sempre piú vivo. Per l'Italia vale almeno la pena ricordare che Stefano Rodotà, nel 2014, curò la realizzazione della «Carta dei Diritti in Internet», approvata all'unanimità il 3 novembre dell'anno successivo dalla Camera dei Deputati, dove si parla a piú riprese del diritto all'oblio.

[14] Leggo la citazione in P. Connerton, *Come la modernità dimentica*, Einaudi, Torino 2010, p. 7.
[15] Cfr., ad esempio, F. Eustache, *Ma mémoire et les autres*, Le Pommier, Paris 2017.
[16] Come è noto Pasolini discuteva queste parole in un altro ambito, ma l'idea di un accumulo che non coincide col miglioramento, di un'espansione inarrestabile che non risponde a necessità effettive, calza anche per questo discorso. Cfr. P. P. Pasolini, *Italia, sviluppo ma non progresso*, in Id., *Polemica politica potere* cit., pp. 88-107.

Scuola

Di scuola parlano tutti perché ognuno ne ha fatto esperienza. Chi ha figli o nipoti la sperimenta una seconda volta indirettamente, ripercorrendo e confrontando le nozioni e le modalità educative di oggi con quelle di ieri. Da piú di vent'anni si sente discutere e legiferare di scuola in termini di preparazione al lavoro. L'alternanza scuola-lavoro, dare le competenze per imparare a lavorare, frequentare stage durante gli anni delle superiori, eccetera.

Le ultime riforme politiche, per cercare di raggiungere questi obiettivi, hanno puntato in vario modo sul potenziamento di saperi non strettamente umanistici e, a volte, in verità, nemmeno strettamente scientifici. Le tre «i» del ministro Letizia Moratti (2001-2006), per esempio, indicavano come prioritari l'inglese, l'informatica e addirittura l'impresa, sostenendo un'idea di insegnamento che al posto di una cultura tradizionalmente intesa e ritenuta ormai obsoleta mettesse al centro il mercato e l'industria. Da allora, ma forse anche da prima, si sente ripetere che la scuola non può piú restare arroccata nel suo mondo di equazioni e sonetti, ma è necessario che aderisca meglio al mondo del lavoro e alle sue prospettive tecnologiche. Insomma, deve professionalizzare. Questa idea aziendale, e per certi aspetti concorrenziale, dovrebbe forgiare studenti capaci di intendere i codici e di manovrare le leve del mondo economico già in adolescenza, rendendo il loro inserimento professionale piú facile, i loro successi piú solidi e la loro indipendenza piú precoce. La politica italiana, da un quarto di secolo e piú, sostiene questo.

Adesso andiamo alle origini della parola. «Scuola» deriva dal greco *scholè*, un sostantivo che vuol dire «vacanza», «riposo», «tempo libero». La vacanza è ovviamente dal lavoro. Nell'antica Roma, benché scuola sia una parola piú greca che latina, le cose funzionano in maniera analoga: *schola* viene associata in termini espliciti all'educazione, intesa etimologicamente come la conduzione da uno stadio inferiore – fisico e culturale – a uno superiore (*e-ducere*, «portare fuori», da una posizione a un'altra). Il grammatico romano Sesto Pompeo Festo, autore di un enciclopedico volume intitolato *De verborum significatu*, una sorta di pionieristico dizionario etimologico, scrive che «le scuole sono cosí dette perché, lasciate tutte le altre occupazioni, i fanciulli possono dedicarsi agli studi liberali»[1]. In tutto il mondo classico vi è dunque un'idea di abbandono del lavoro e della mondanità per concentrarsi su un apprendimento e su un esercizio (*studium*) che porteranno al raggiungimento dell'*humanitas*, parola che piú di tutte racchiude l'idea di educazione del mondo romano. Tale idea, che non si identifica ma condivide piú aspetti con l'educazione greca (*paidèia*), è basata, come dimostra Quintiliano, sulla pratica della parola e sulla capacità di usarla pubblicamente. L'uomo virtuoso, ad Atene come a Roma, è sempre un uomo politico, la cui realizzazione è in armonia col bene della società[2]. *Schola* è poi associata al *ludus*, il gioco (il maestro, ad esempio, è chiamato *ludi magister*): è un luogo dove si impara e dunque dove ci si diverte[3].

L'idea portante alla base del vocabolo sia greco che latino, come abbiamo visto, è l'educazione (piú che l'istruzione) e l'opposizione al lavoro. Del resto il *labor* è la «fatica fisica», la «pena», la «sofferenza», significati che si mantengono anche nelle lingue romanze: il francese *labourer*, ad esempio, sta per «lavorare la terra», «arare», e *travailler*, come ci ricorda Alberto Zamboni, ha a che fare con il «martirio» e il «tormento»[4]. La stessa gamma di significati la ritroviamo se analizziamo, tra gli altri, lo spagnolo, il tedesco, il rumeno, il russo… Ovunque torna la fatica estenuante, che non lascia spazio a nient'altro. Il lavoro è *negotium*, mentre l'apprendimento può avvenire solo in uno stato di *otium*. I greci, dunque, con questa parola vogliono dirci che alla vita di un individuo deve essere concesso un periodo di astensione dalla fatica perché l'agio è l'unica condizione per poter imparare e, soprattutto, per ricevere la *paidèia*, un'educazione totale che porta al raggiungimento dell'*aretè*, la virtú. L'apprendimento, rincalzano i romani, è divertente: la serietà non è il contrario della piacevolezza. Come a dire, giocando s'impara.

Mi pare che la bellezza di imparare trapeli senza fatica da queste parole e dalle associazioni a campi semantici (il riposo, il gioco) che rivelano una precisa idea di scuola. La «vacanza» – che non è affatto l'assenza e nemmeno l'indifferenza o il fatalismo – è il vuoto che abbiamo diritto di vivere senza sensi di colpa e che abbiamo il dovere di riempire di sapere e di virtú. La scuola è quindi il tempo in cui si forgiano gli strumenti che danno accesso alla lingua, ai sentimenti, al pensiero e, perché no, alla bellezza, ma a patto che andiamo in classe e non ci gettiamo troppo presto nel *labor*, la cui fatica corrompe e ostacola la capacità di apprendere.

La visione imprenditoriale di oggi è quanto di piú lontano possiamo immaginare dalla *scholè*, è anzi il piú esplicito controsenso. Per gli antichi è importante che a scuola – un edificio essenziale dove gli studenti, con la tavoletta e lo stilo sulle ginocchia, stanno per terra davanti al maestro seduto su una sedia – si viva assieme, si impieghino le ore e i giorni a creare una comunità. Il maestro, infatti, non è solo colui che veicola il sapere, ma un facilitatore per la creazione di questa comunità di pari, la quale, per rispecchiare la società democratica, ha bisogno di componenti che sappiano praticare il *logos*, la «parola», il «discorso», rendendolo strumento di scambio di idee e di opinioni. Non una preparazione al lavoro, dunque, ma un esercizio continuo della dialettica e della retorica, cosicché lo studente, fuori dalla scuola, sia definitivamente un adulto in grado di partecipare alla vita politica. Potrà sedere nell'assemblea e intervenire nei dibattiti[5].

Le attività principali della *scholè*, oltre a scrittura e lettura, erano la memorizzazione, la ginnastica e la musica. Viene subito spontanea un'osservazione: esistono tre attività piú cadute in disgrazia nella scuola di oggi? Farsi domande come questa non significa propendere acriticamente per un tempo mitico e compiuto contrapponendolo a un mondo diverso e in continuo movimento, significa piuttosto indagare se c'è qualcosa che lungo il cammino abbiamo perduto, qualcosa che il passato – che perdura nel presente attraverso la parola – può ancora suggerirci.

L'esercizio della memoria, già accantonato nella scuola di trent'anni fa, è ormai morto sotto il peso di una spasmodica consultazione (vocabolo che abbiamo già incontrato) del web, che si pratica nelle aule con gli stessi ritmi con cui ce ne cibiamo fuori. Il mancato allenamento del «muscolo» della memoria è un'ottima base per perdere memoria in senso piú ampio, non solo da un punto di vista nozionistico – fatto per niente trascurabile[6] –, ma soprattutto storico e politico.

La ginnastica, invece, ci restituisce l'immagine di una scuola in cui non si sta inchiodati alla sedia per un numero interminabile di ore. Se oggi ci affanniamo a contrastare l'immobilità che prevede la nostra scuola con laboratori, lezioni orizzontali, *peer to peer* e altre strategie didattiche e pedagogiche, gli antichi lo facevano dando valore al corpo. Non un'educazione fisica ridotta il piú delle volte a materia secondaria e a tempo di svago, ma una pratica costante e centrale nella crescita dell'individuo perché garantisce quella sanità di cui ha bisogno la società per sussistere. Nel mondo delle *pòleis* – cosí diverso dal nostro – essere in forze è un gesto di responsabilità civile, un modo per non far pesare alla collettività la propria vecchiaia, un atto di restituzione alla propria patria. Gli obiettivi della *scholè*, come ci ricorda Platone, sono infatti la politica e l'arte della guerra: per questo tutto ha inizio nel *gymnàsion*, la palestra[7].

Il corrispettivo dell'educazione del corpo è una sorta di educazione dello spirito, a cui assolveva piú di tutti la musica, che etimologicamente è «la materia delle Muse», le divinità a capo di ogni attività artistica e intellettuale. La *musikè* è una disciplina piú antica della letteratura e, come sappiamo, quest'ultima ci metterà tanto per guadagnare una sua indipendenza. Passeranno secoli prima che il poeta non sia un uomo armato di cetra, ma solo di penna. Saper suonare, saper recitare a memoria i versi di Omero con una cantilena, saper interpretare l'armonia del suono con la danza era un'attività importantissima (per Platone la piú importante delle attività educative)[8], tanto che *musikòs*, in greco, è un aggettivo che indica l'uomo colto, perché non è immaginabile un profilo di rilievo che non conosca questa disciplina, cosí come non è possibile che un maestro non sappia suonare uno strumento. Conoscere la musica, sostiene Protagora, significa vivere piú in equilibrio e in armonia:

> [I maestri di musica] dopo che [gli allievi] hanno imparato a suonare la cetra, insegnano loro carmi di altri buoni poeti [...] e costringono cosí i ritmi e le armonie a penetrare intimamente negli animi dei fanciulli, perché siano piú miti, e, acquistato maggior equilibrio e interiore armonia, sappiano parlare e agire come si conviene. Infatti, tutta la vita dell'uomo ha bisogno di equilibrio e di armonia[9].

Oggi, invece, la musica compare in modalità varie e per nulla codificate nella scuola primaria, mentre mantiene un impianto vecchio e superato nella scuola media. È cioè in mano, come molte altre cose, all'iniziativa del singolo docente, ma non è al centro degli interessi dei riformatori dell'istruzione. Nel paese della musica e dell'opera lirica, di Rossini, di Verdi e Bellini, ci sta bene che sia una materia piú o meno accessoria, che non concorra significativamente alla formazione dell'individuo e che non rientri nel suo bagaglio culturale[10].

Da questo confronto sembra che la vacanza sia finita. Posto per il tempo libero non ce n'è piú. L'ozio sembra ridursi a privilegio di pochi e la stessa parola tende ad assumere un valore piú degradante, come di neghittosità e di pigrizia. Nulla che richiami quell'*otium* invocato ancora dagli umanisti. Forse, sotto la spinta della crisi, della precarizzazione dei contratti, della difficoltà a codificare le nuove forme di lavoro che nascono dalla tecnologia, la politica sente il bisogno di una scuola che punti sull'imprenditorialità e che si agganci appena possibile a quel *labor* che se – per fortuna – non viene piú visto come un tormento, emana oggi piú di ieri un senso di inquietudine difficile da mascherare. Esso resta un'incertezza e un'afflizione per cui la pratica del *logos* potrebbe, invece, essere molto piú di un conforto: un'esplorazione, un'arma di difesa, un modo di salvarsi.

[1] Cfr. Sextus Pompeus Festus, *De verborum significatione*, Valpi 1826, vol. II, libro XVII, p. 835.

[2] Che i due concetti, nonostante la proposta di Aulo Gellio (*Le notti attiche*, XIII, 13, 17), non coincidano, è ormai opinione condivisa tra gli studiosi. Del resto, stando alle parole, *paidèia* ha la radice di *pàis*, il «bambino», e in un primo tempo indica proprio «l'allevamento», «l'educazione del fanciullo». Solo successivamente si amplia per riferirsi alla «cultura» e all'«educazione». *Humanitas*, invece, si rifà esplicitamente a *homo*: è una parola che contiene i valori tipici della cultura romana come la *pietas*. I punti di contatto però sono importanti: uno su tutti è proprio l'acquisizione dell'arte oratoria delineata da Quintiliano: «Noi formiamo l'oratore finito, che altri non può essere se non l'uomo dotato di spessore morale: è per questo che da lui non pretendiamo solo un'impeccabile capacità di parlare, ma anche tutte le virtú dell'anima». Cfr. Quintiliano, *Istituzione oratoria*, libro I, Proemio, 9, a cura di S. Beta e E. D'Incerti, Mondadori, Milano 1997, vol. I, p. 9.

[3] Il verbo «giocare», come si può osservare dal contesto associativo in cui ricorre non solo in latino ma anche in altre lingue (l'inglese *to play*, ad esempio, indica non solo il gioco ma anche suonare uno strumento o praticare uno sport a qualsiasi livello), ha un'autorevolezza evidente, mentre nell'italiano moderno e contemporaneo il suo significato principale si è presto distaccato dall'ambito educativo, riducendosi a scherzo, ad atteggiamento ironico che non va preso sul serio. Se Montaigne in uno dei suoi *Essais* sostiene che il gioco è la cosa piú seria che un bambino possa fare, nella lingua di oggi, come dice il proverbio, il gioco è al limite «bello quando dura poco». Cfr. M. de Montaigne, *Saggi*, Mondadori, Milano 1986, a cura di V. Enrico, vol. I, p. 129. Ortega y Gasset, in *Meditazioni sulla felicità* cit., pp. 153-54, sostiene che «il gioco è l'invenzione piú pura dell'uomo» e richiama un passo delle *Leggi* (803, 4) in cui Platone afferma che ciò che di meglio ha la vita è, appunto, il gioco.

[4] Il *tripalium* è il «tormento», uno strumento formato da tre pali su cui con tutta probabilità si torturava qualcuno. Cfr. A. Zamboni, *Etimologia*, Zanichelli, Bologna 1976, pp. 61-62.

[5] Platone, *Le leggi*, BUR, Milano 2005, I, 643e, p. 141: «[L'educazione] mira fin dall'infanzia alla virtú infondendo nel giovane il desiderio appassionato di

diventare un cittadino esemplare, capace di comandare e di obbedire secondo giustizia».

[6] C. Giunta, *L'assedio del presente* cit., p. 47: «Niente di peggio della retorica anti-nozionistica secondo cui quello che serve conoscere sono i metodi e non le cose; ma è vero che ciò che conta prima di tutto nell'apprendimento è una certa disposizione spirituale, senza la quale il sapere diventa nozionismo o collezionismo, qualcosa per cui non ha senso spendere tanto tempo e tanta fatica».

[7] Platone, *Protagora*, a cura di G. Reale, Bompiani, Milano 2001, 324d-326e, pp. 49-53. Ma anche nella *Repubblica*, libri II e IV, si parla di istruzione. Platone è, del resto, il filosofo che forse piú di tutti evidenzia il travaglio sulla questione di cosa insegnare e come educare. È poi da notare che dal *Protagora* alla *Repubblica* si fa largo un'idea di *paidèia* piú selettiva, in cui la capacità di usare la parola non è una *teknè*, un'abilità che, come volevano i sofisti, tutti possono acquisire, ma piuttosto un talento di pochi. È nata insomma l'idea elitaria del governatore-filosofo, che sta appunto alla base della *Repubblica*.

[8] Id., *Repubblica*, a cura di G. Lozza, Mondadori, Milano 1990, 401d-402a, p. 229.

[9] Id., *Protagora* cit., 326b, p. 51.

[10] Lo stesso discorso, che non è possibile affrontare qui, vale almeno per la storia dell'arte, la geografia, la retorica (visto che a scuola, come ricordavo nell'Introduzione, si insegna a scrivere ma non a parlare) e, soprattutto, per l'educazione civica, la vera materia della *scholè*, che nella nostra scuola non è mai stata una materia indipendente e in molti casi non viene nemmeno affrontata né ha libri di riferimento che ne delineino il programma.

Contento

Vorrei provare a raccontare questa parola appellandomi esclusivamente a Leopardi, che ha elaborato un pensiero tra i piú articolati e originali sulla ricerca del piacere. Seguire le sue considerazioni permette di discutere in termini nuovi di felicità e di comprendere le relazioni che questo concetto intrattiene con l'essere contenti.

Bisogna aspettare il 1898 perché si sappia dell'esistenza dello *Zibaldone*, un enorme diario di 4526 pagine tenuto da Leopardi lungo il corso della sua vita, da quando aveva vent'anni fino a pochi anni prima della morte. Tra le pagine di questo corposissimo scartafaccio – una sorta di palestra del pensiero in cui l'autore si misura con un numero incredibilmente notevole di saperi – torna piú insistente che mai la domanda che sta alla base di tutta la sua speculazione: perché l'uomo è infelice? Esiste una ragione che spieghi il suo stato di affanno e di dolore? E l'uomo, in tutto questo, quali responsabilità ha? Il lettore che avrà la pazienza di seguire il corso della scrittura troverà risposte cangianti, da una netta colpa dell'uomo, il quale ha troppo abusato della ragione e della tecnica allontanandosi dai dettami della Natura, a una responsabilità del sistema, volto a instaurare un «male nell'ordine» di cui l'uomo è prima di tutto vittima; si passerà da una possibile salvezza individuata in Dio, a una visione del mondo che rigetta qualsiasi prospettiva metafisica, perché Dio non potrebbe esistere senza essere responsabile del male del mondo e del dolore eterno delle sue creature.

Sulla felicità Leopardi ha le idee chiare e che cosa essa sia è presto detto: il piacere.

> Felicità non è altro che contentezza del proprio essere e del proprio modo di essere, soddisfazione, amore perfetto del proprio stato, qualunque del resto esso stato si sia, e fosse pur anco il piú spregevole[1].

«E fosse pur anco il piú spregevole». Viene in mente un celebre episodio delle *Confessioni*, in cui Agostino, ai tempi già oratore famoso, vede per le vie di Milano un ubriacone, allegro e senza pensieri, e dopo averlo osservato confida ai suoi amici: «tutti i nostri sforzi [...] a che altro miravano, se non al traguardo di una gioia sicura, ove quel povero mendico ci aveva già preceduti e noi, forse, non saremmo mai arrivati?»[2].

Per Leopardi il piacere è una condizione totalmente appagante, variabile da persona a persona, ma sempre irrealizzabile perché il nostro desiderio di «uno stato migliore», come dice nel seguito di questo brano, è infinito. L'anello che non tiene è qui: ogni desiderio è finito e si rivolge a oggetti precisi, mentre il nostro desiderare è infinito. Viviamo cosí in uno stato senza requie, «violento»[3], in cui il nostro amor proprio ci spinge di continuo a estenuanti ricerche, per le quali ci illuderemo e per cui rimarremo sistematicamente delusi.

Possiamo a questo punto aprire una parentesi e guardare l'etimologia di «desiderio», una delle parole piú affascinanti delle lingue romanze. Questo vocabolo è composto dalla preposizione *de*, che indica una mancanza, e dal sostantivo neutro *sidus*, «stella». *Sidus* è la costellazione piú che un solo astro; si riferisce, cioè, alle stelle il cui disegno forma una trama interpretabile. Successivamente *sidus* verrà usato anche per designare una stella singola, compresa la luna, oppure per designare il cielo e le stagioni (piú di tutte l'inverno, quando fa, infatti, un freddo «siderale»). Siamo di fronte a un termine augurale e astrologico, perché le stelle erano ritenute (e per i seguaci degli oroscopi lo sono tuttora) capaci di influenzare il destino dell'uomo. Dunque il desiderio è «la mancanza della stella», l'impossibilità di leggere il nostro destino. Quando, ad esempio, nel settimo cerchio infernale Dante (che, per inciso, conclude ogni cantica della *Commedia* proprio con «stelle») incontra tra i sodomiti il suo maestro Brunetto Latini, questi gli dice: «Se tu segui tua stella | non puoi fallire a glorioso porto»[4], indicando con «stella» sia la costellazione dei Gemelli, sotto il cui segno il poeta è nato, sia il destino di Dante che, secondo la profezia di Brunetto, lo condurrà alla gloria letteraria.

Dunque il desiderio è la mancanza della stella, l'impossibilità di leggere il nostro destino. Guardiamo il cielo e non troviamo la luce che lo illumina, oppure la trama degli astri che contempliamo rimane oscura, indecifrabile. Il desiderio è questa cecità che ci porta a constatare l'assenza di qualcosa che abbiamo perso o che non abbiamo mai avuto, lasciandoci in uno stato di inquietudine simile a quello di chi protende le braccia. Si può notare, infine, che desiderio è una parola del mare: la stella era la bussola dei naviganti, i quali, quando non la scorgevano, dovevano restare incerti e preoccupati, con lo sguardo fisso al cielo, speranzosi di vederla riapparire tra le nuvole.

Torniamo adesso a Leopardi. Abbiamo visto che la felicità è secondo lui irrealizzabile, nonostante l'uomo non possa fare altro che continuare a bramarla. E abbiamo visto che possiamo desiderare soltanto oggetti che, una volta ottenuti, ci faranno immediatamente percepire tutta la dolorosa differenza tra il nostro desiderio finito e il nostro desiderare infinito, l'unico che ci potrebbe rendere felici. Leopardi ha avuto l'onestà esemplare di riconoscere la sofferenza generata da tale dinamica, ma non si è mai rassegnato a subire passivamente. Il suo è un pessimismo agonistico perché, anche di fronte al male, l'uomo deve rigettare il suicidio e mantenere – come il poeta canta in una delle sue ultime poesie – la dignità della ginestra, che resta dritta fino al momento in cui la forza impari della lava piegherà «il [s]uo capo innocente»[5]. Non possiamo vivere felici, ma scegliere di non vivere è rassegnarsi al male. Non solo, è far soffrire chi ci ama. Il carico della vita, invece, anche se mancano le ragioni sufficienti per farlo, va in ogni caso sostenuto, magari aiutandosi con il riso, visto che «chi ha il coraggio di ridere è padrone del mondo»[6]. Questo atteggiamento, come si vede, non maschera il dolore di un'esistenza che si identifica con la sofferenza, ma si rivela il modo piú coraggioso di affrontare con consapevolezza «il mal che ci fu dato in sorte | e il basso stato e frale»[7].

Se questi passaggi sono piú o meno noti, è forse meno risaputo che nello *Zibaldone* Leopardi discute piú volte della contentezza, una parola che spesso confondiamo con i suoi sinonimi o con sentimenti diversi come, appunto, la felicità, l'allegria, l'esultanza, la gioia. Anche alcune definizioni dei dizionari tendono a mescolare un po' approssimativamente questi stati d'animo.

Non sono pochi i brani in cui Leopardi ragiona sulle etimologie e quando gli capita a tiro questo vocabolo mette subito in luce che «contento» deriva da *continere* e che da participio («contenuto») è diventato nome e aggettivo[8]. *Contineo* è composto da *cum* e *teneo* e significa «mantenere unito», «racchiudere», «portare dentro», «reprimere». Se immaginiamo, per esempio, un cerchio, il contento è «colui che sa essere appagato di quello che ha», di ciò che possiede all'interno del suo spazio; è colui che sa arginare ciò che da fuori può arrivare a guastare l'equilibrio che si è costruito.

Per Leopardi l'uomo è, tra tutti, l'essere meno capace di contentezza. I piú capaci sono gli animali, in primis gli uccelli che dimostrano la loro contentezza cantando, i selvaggi della California e i fanciulli, che «non conosc[ono] il pensare»[9]. Il «non» evidenzia che siamo di fronte a un piacere negativo, «figlio d'affanno», in cui il massimo «diletto» è «uscir di pena»[10]. Dunque il benessere è la mancanza di dolore, di noia, del troppo ragionare: di piú non è concesso.

Alla luce di tutto questo possiamo finalmente chiederci: cos'è la contentezza? È veramente quel miscuglio di gioia e allegria o è qualcosa di piú preciso che possiamo cercare di mettere meglio a fuoco? È una sorta di felicità empirica? E il contento chi è? È semplicemente colui che ha abbassato le sue aspettative?

Non vale nemmeno la pena premettere che quella che segue è una risposta essenzialmente improntata a non perdere di vista la parola che, come diceva Merleau-Ponty, «fa esistere i significati» e «compie il pensiero»[11]. Se contento è «chi si tiene con quello che ha», allora costui è anche qualcuno che sa apprezzare ciò che possiede. «Apprezzare» significa «dare un prezzo», «attribuire un valore», dunque chi è contento riconosce di possedere qualcosa e sa trovare un significato in ciò che ha portato nel suo cerchio.

A questo punto ci si domanderà: e la felicità? Ma la felicità non c'entra. La felicità è un'altra dimensione, che obbliga a scrutare le stelle per recuperare un passato edenico o per agguantare un futuro di là da venire che non sappiamo se si avvererà. Il contento, invece, tiene piú umilmente lo sguardo ad altezza d'uomo, si concentra sul presente. Etimologicamente la sua azione non è «de-siderare», ma il suo esatto contrario, «con-siderare», guardare quello che ha con sé (*cum*), non quello che gli manca (*de*). Il contento sceglie di percorrere un sentiero piú praticabile e si tiene dignitosamente agganciato al qui e ora. La sua reazione all'impossibilità di un'estasi o di un appagamento totale non è il distacco terreno, lo stoicismo, la svalutazione dell'altro, il vittimismo, ma imparare a stare dentro il presente che gli è toccato.

Se le cose stanno cosí è obbligatorio chiedersi se allora il cerchio in cui vive chi è contento sia un territorio senza rischi, protetto dalle false illusioni della felicità e dunque, a ben guardare, desiderabile piú di ogni altra cosa. Ma la contentezza – ce lo dice sempre la parola – non è un territorio privo di pericoli. Il contento può essere, infatti, anche «colui che si accontenta», una persona preoccupata di fuggire l'incertezza e di rendere il suo territorio un piccolo mondo perfetto, impenetrabile e sicuro (da *sine cura*, «senza preoccupazione»). Se il contento non è piú colui che avvalora ciò che ha, ma diventa colui che si fa bastare il poco che possiede spacciandolo per un tutto, ecco che le cose cambiano: il suo cerchio ci appare altro da prima, diventa uno spazio asfittico e inospitale, il cui perimetro sarà il *limes* che respinge chi si avvicina. La parola prevede uno scivolamento e ci indica i rischi di uno stato d'animo ancipite, che sta su un crocevia di molti sentimenti troppo spesso accorpati e confusi. Questo accontentarsi è lo stesso che troviamo alla base della fede. È lo «stare contento al *quia*», il non chiedersi perché, è la rinuncia alla curiosità e all'indagine per l'accettazione passiva delle ragioni calate dall'alto, è la degradazione moralistica del desiderio a peccato. Ecco perché tra i significati elencati troviamo, come ho riportato all'inizio, il «portare dentro», quello delle frustrazioni e delle ferite nascoste, e il «reprimere», quello dei desideri negati.

C'è, infine, un ultimo significato, che segue la stessa modalità transitiva che abbiamo incontrato parlando di «felicità». Cosí come si può «felicitare» qualcuno – e la donna che offre il suo seno al neonato lo sa piú di tutti – si può anche «accontentare» qualcuno, e dunque il contento è anche questo: colui che sa dare e condividere ciò che possiede. Trovo straordinario questo terzo significato, perché toglie al vocabolo il senso di immobilità e di chiusura, regalandoci una prospettiva inaspettata. Se *continere* prevede non solo lo scivolamento verso l'accontentarsi, ma anche l'apertura verso la condivisione, allora tutto si rimette in gioco e alla base del vocabolo non troviamo il destino da leggere nelle stelle, ma un libero arbitrio che sorveglia la tentazione di arroccarci e stimola il coraggio di aprire il nostro cerchio per renderlo uno spazio ospitale. La contentezza diventa cosí una parola che non si può piú confondere con felicità e, soprattutto, che non demonizza il desiderio, che in fin dei conti è la nostra tensione a guardare oltre[12], a mantenere un movimento in avanti, anche nel caso in cui questo movimento si riveli quello di una corsa sul tapis-roulant, che appena smettiamo di correre ci trascina indietro.

La contentezza non è una semplice manifestazione di giubilo, un sinonimo di esultanza e di gioia, e non è nemmeno un sentimento mediocre, di chi ha messo una pietra sopra alla felicità. Va piuttosto guardata come un atteggiamento umile ma vigile sul nostro presente, paragonabile a quello della ginestra leopardiana, «contenta dei deserti»[13]. La contentezza ci ricorda piú degli altri sentimenti l'impossibilità di avere tutto; ci ricorda, ancora, l'atteggiamento del «contegno» e il valore della «continenza»; ma soprattutto ci esercita a scacciare l'invidia, quello sguardo in tralice che ci fa bramare le cose altrui e desiderare velenosamente che ciò che manca nel nostro cerchio non debba esserci nemmeno in quello degli altri.

---

[1] L'edizione di riferimento è G. Leopardi, *Zibaldone*, a cura di R. Damiani, Mondadori, i Meridiani, Milano 1996, 3 voll., pp. 4591-92. Il numero della pagina corrisponde a quello autografo.

[2] Agostino, *Confessioni*, VI, 6, 9. L'edizione di riferimento è quella a cura di Maria Bettetini, Einaudi, Torino 2010, p. 177. Il «securam laetitiam» del testo indica proprio un sentimento privo di preoccupazioni.

[3] L'espressione si trova nell'operetta morale *Dialogo di Torquato Tasso e del suo Genio familiare*, per cui cfr. G. Leopardi, *Poesie e prose*, a cura di R. Damiani, Mondadori, i Meridiani, Milano 1999, vol. II, p. 72. L'aggettivo ricorre due volte, a breve distanza: «Laonde la nostra vita, mancando sempre del suo fine, è continuamente imperfetta: e quindi il vivere è di sua propria natura uno stato violento». E appena dopo, sempre per bocca di Torquato Tasso, alter ego di Leopardi: «Ma certo questa vita che io meno, è tutta uno stato violento: perché lasciando anche da parte i dolori, la noia sola mi uccide».

[4] Dante, *Inferno*, XV, vv. 55-56.

[5] *La ginestra o il fiore del deserto*, v. 306: cfr. G. Leopardi, *Poesie e prose* cit., vol. I, p. 132.

[6] *Pensieri*, LXXVIII: cfr. G. Leopardi, *Poesie e prose* cit., vol. II, pp. 326-27.

[7] *La ginestra* cit., v. 117.

[8] Cfr. Id., *Zibaldone* cit., pp. 2344-45.

[9] *Ibid.*, p. 2712. In questa pagina Leopardi sottolinea come la condizione edenica dell'umanità consista nel non sapere. La felicità è sempre non sapere: «Dunque sapientissimi furono gli uomini prima della nascita della sapienza e del raziocinio sulle cose: e sapientissimo è il fanciullo e il selvaggio della California che non conosce *il pensare*» (corsivo nel testo).

[10] Sono tra i versi piú famosi de *La quiete dopo la tempesta*, v. 32 e vv. 45-46.

[11] M. Merleau-Ponty, *Fenomenologia della percezione*, a cura di A. Bonomi, il Saggiatore, Milano 2003, p. 250.

[12] Hobbes, infatti, ne parla in termini di *conatus*, che indica proprio una tensione in avanti. Cfr. E. Spedicato, *La strana creatura del caos. Idee e figure del male nel pensiero della modernità*, Donzelli, Roma 1997, pp. 23-28.

[13] Cfr. *La ginestra* cit., v. 7.

Fiducia*

Fides è il sostantivo di *credo*. L'affermazione può sorprendere perché, evidentemente, i due nomi hanno radici diverse. L'avvicinamento, infatti, avviene per ragioni storiche e non linguistiche. In epoca cristiana, quando la frequenza del vocabolo aumenta, accade che i vocaboli greci *pistis* («fede») e *pistèuo* («credere») vengano tradotti in latino con *fides* e *credo*, fatto che imparenta cosí le parole. Ma è da ambiti extrareligiosi, dal contesto giuridico specialmente, che *fides* emana il senso che piú ci interessa. In diritto questo vocabolo assume un aspetto decisamente diverso, indicando «l'impegno solenne», il «giuramento», la «fedeltà» alla parola data. Anzi, la costellazione di nomi che ruota attorno a questo vocabolo cosí ricco e dalla semantica cosí complessa potrebbe allargarsi: «lealtà», «garanzia», «onore», «patto da rispettare»[1]. Dalla fede, dunque, si passa alla fiducia, intesa come riconoscimento dell'affidabilità dell'altro. Questo slittamento dà alla parola una dimensione piú pubblica che privata (ricorre, per esempio, nelle proposte di matrimonio), ed è su questa accezione, cosí laica e moderna, che mi vorrei soffermare.

Avere fede e avere fiducia sono due atti molto diversi. La fede è assoluta, implica sempre una parte dogmatica. La fiducia, invece, è un atto sospeso, il cui esito è incerto perché coinvolge l'altro. Senza l'altro non avrebbe nemmeno senso parlare di fiducia, cosa che non si può dire della fede che, al contrario, non prevede un soggetto conoscibile. È nota l'affermazione di George Simmel, «chi sa tutto non ha bisogno di fidarsi, chi non sa niente non può fidarsi»[2]. Come dargli torto. Dio, infatti, non ha bisogno di fidarsi perché la sua perfezione è totale. Noi, invece, oscilliamo eternamente tra conoscenza e ignoranza, tra presenza e assenza, e dunque abbiamo questa necessità. Anzi, sono proprio i nostri limiti che, rendendoci eternamente parziali, ci spingono a un'ininterrotta ricerca di fiducia. Dalla consapevolezza di questi limiti nasce il bisogno di accogliere l'altro, la prova piú inconfutabile del nostro essere animali sociali, insufficienti a noi stessi. Del resto, insufficienti a noi stessi lo siamo sin dalla nascita, evento che coincide con una richiesta di fiducia. Il primo grido, afferma Freud, corrisponde proprio a questa domanda[3]. Il bambino attende la madre che tornerà ad allattarlo e il suo pianto altro non è che una richiesta di fiducia.

È chiaro allora che la fiducia si conquista sul campo perché richiede l'incontro e il contatto: bisogna farne esperienza diretta, familiarizzare, condividere, saggiare la lealtà di chi ci sta davanti. Soltanto dopo aver superato questi esami ne faremo dono. Come è facile capire, siamo agli antipodi dell'istinto, proprio per le valutazioni e gli slanci che stanno alla base della fiducia. Per fidarsi è necessario superare la visione dell'*homo homini lupus* al fine di considerare l'altro come un potenziale alleato, un *socius*, parola che conosciamo già. Solo quando abbiamo stabilito intimità e il nostro fiduciario ci conosce, allora diventiamo sicuri (o ci illudiamo) che se dovrà decidere per noi lo farà nel nostro interesse, se dovrà consigliarci valuterà tutti i rischi come se fosse lui a poterci perdere, se gli capiterà di vegliare sui tesori o sulle persone che gli abbiamo affidato lo farà come fossero le sue sostanze o i suoi figli. Del resto che la fiducia sia, a differenza della fede, un atto sospeso lo si capisce chiaramente dallo smarrimento e dal dolore che causano i tradimenti, sempre in agguato per chi compie questo salto nel vuoto. Il verbo latino *tràdere*, infatti, sta proprio per «abbandonare qualcuno», «consegnarlo altrove». La sua accezione è generalmente negativa e rende molto bene la desolazione e la solitudine che segue allo spezzarsi di un patto.

La fiducia ha goduto nel tempo di diverse considerazioni. Per i romani la Fides era una dea, le si dedicavano templi e offerte votive – come i greci li dedicavano alla dea Pistis, la Lealtà –, il suo volto veniva inciso sulle monete e ciò che rappresentava apparteneva alla sfera del sacro. Ecco perché tradirla equivaleva a un'infrazione di valori e di leggi che poteva compromettere per sempre il rapporto del fedifrago col suo cosmo.

Adesso le cose sembrano decisamente cambiate. La fiducia, piú che un valore o un elemento sacro, è diventata una componente individuale della nostra vita: c'è chi sceglie di costruire rapporti in suo nome e chi non li ritiene fondamentali, chi la pratica moralmente e chi la ignora. Quasi tutti, poi, ci accontentiamo di fiducie parziali (una professionale, familiare, amicale...) e non sentiamo la stessa riprovazione degli antichi verso il tradimento. Anzi, alcuni tradimenti li riteniamo legittimi o addirittura positivi. È raro, dopo gli anni della scuola, ambire ancora a legami di fiducia totalizzanti. Chi li porta avanti in età adulta è di solito consapevole e fiero di rappresentare un'eccezione. Anche perché la velocità delle nostre relazioni non asseconda la coltivazione della *fides*, che ha prima di tutto bisogno di tempo, di conoscenza, di intimità. La sua conquista è, come abbiamo detto, il frutto di un paziente scambio e di una condivisione emotiva e psicologica molto forte. Una condivisione che nella lingua si sente chiaramente: «avere fiducia» (espressione frequente anche in altre lingue), come osserva Émile Benveniste, significa «concedere la propria fiducia a qualcuno, dargliela, dunque, e non averla»[4]. Capacità, risorse, intraprendenza e, perché no, furbizia, possono invece illuderci di bastare a noi stessi, facendoci abdicare all'idea dell'altro. Come il Mazzarò della novella di Verga, un contadino che con la sua «testa come un brillante»[5] e la sua spasmodica avidità di terre da possedere è diventato un grande proprietario terriero, finché in punto di morte si ritrova disperato di non poter portare con sé tutta la sua «roba». L'ascesa sociale l'ha reso a tal punto onnipotente da fargli credere di poter fare a meno di tutti:

> Tutta quella roba se l'era fatta lui, colle sue mani e colla sua testa, col non dormire la notte, col prendere la febbre dal batticuore o dalla malaria, coll'affaticarsi dall'alba a sera, e andare in giro, sotto il sole e sotto la pioggia, col logorare i suoi stivali e le sue mule – egli solo non si logorava, pensando alla sua roba, ch'era tutto quello ch'ei avesse al mondo; perché non aveva né figli, né nipoti né parenti; non aveva altro che la sua roba[6].

In questo superamento del limite, che relega la presenza dell'altro a un ruolo marginale, la fiducia rischia di scomparire per l'abbaglio che ci dà la merce e la soddisfazione di possederla inoculata dal mercato, dalla propaganda, dal conformismo. A questo punto pratichiamo la fiducia solo dove strettamente necessario: ci fidiamo del medico che ci prescrive un farmaco, per esempio, o di un passante che ci indica la strada.

Quello che piú colpisce è che a questa pratica ormai marginale si affianca l'effetto paradossale di sentir parlare di fiducia come forse in nessun altro momento storico. Basta ascoltare un telegiornale, sfogliare un quotidiano, consultare un sito di informazione e l'abuso lessicale è subito lampante. La fiducia che non pratichiamo piú nella sfera privata la ritroviamo nella fiducia che dobbiamo avere nei mercati, nel governo che pone continuamente la fiducia, nella fiducia che la crisi è ormai alle spalle, nelle affermazioni perentorie che chi non ha fiducia è un menagramo. Insomma, non serve nella nostra vita sociale ma dobbiamo nutrircene ugualmente per collaborare al miglioramento collettivo.

Ma davvero cacciata fuori dalla porta rientra dalla finestra? A me sembra di no. Quella che ci viene propinata è evidentemente diversa dal modello originale, dall'etimologia della parola che, come abbiamo visto, richiama sempre l'altro. La fiducia di cui sentiamo parlare ogni due per tre non è un dono che abbiamo riposto in qualcuno, non deriva da una valutazione soggettiva, né dall'intimità di una persona che abbiamo scelto o che amiamo. Questa fiducia non è pubblica se non in modo ipocrita, è anzi ammantata di cinismo perché non scuote la nostra emotività né ci fa sentire piú sereni, tanto che non ci allarma nemmeno il suo possibile tradimento, che il piú delle volte abbiamo già messo in conto. A voler giocare con le parole, potremmo dire che non abbiamo piú fiducia nella fiducia. Perché quella proposta dalla comunicazione – politica e pubblicitaria specialmente – è un atteggiamento artificioso, calato dall'alto, che rimette in gioco una parte dogmatica senza possedere l'autorevolezza di una fede. È una fiducia da prendere a scatola chiusa, svuotata della sua componente di rischio e di partecipazione. Chi ce la chiede, infatti, non se la guadagna sul campo, ma la domanda a ripetizione per sussistere e rafforzare se stesso.

Questa *fides*, deprivata del suo aspetto dialettico, la pratichiamo scetticamente e meccanicamente, senza realizzare che gli aspetti che la rinvigorirebbero e le darebbero nuova dignità sono proprio quegli elementi di contrasto che è salutare mantenere nel corpo della società: il radicamento, la lentezza, una maggiore etica della conoscenza umana. Invece, in questa ossimorica fede materiale, anche la nostra parte attiva viene eliminata: agiamo solo quando concediamo un assenso distratto o alziamo la mano al momento della votazione per toglierci d'impaccio. L'altro non esiste piú, ma a occupare il posto vacante non si intravede il ritorno di nessun dio.

---

[*] Questo testo, qui rivisto e consistentemente ampliato, è apparso su «la Lettura» del «Corriere della Sera» del 28 dicembre 2015.
[1] Il «patto» è il *foedus*, in evidente rapporto con *fides*.
[2] G. Simmel, *Sociologia*, Edizioni di Comunità, Roma 1989, p. 299.
[3] Il concetto di grido in realtà è lacaniano, ma è di esplicita derivazione freudiana. Cfr. J. Lacan, *Il Seminario. Libro IV. La relazione d'oggetto*, Einaudi, Torino 2007, pp. 187-88.
[4] La citazione si trova in J. T. Godbout, *Lo spirito del dono* cit., p. 216.
[5] G. Verga, *La roba*, in Id., *Le novelle*, a cura di N. Merola, Garzanti, Milano 1999, p. 293.
[6] *Ibid.*, pp. 295-96.

Parola

Osservare il modo in cui parliamo può far luce su relazioni sociali e condizioni politiche molto importanti. Non solo: le differenze culturali e di civiltà emergono sempre in maniera piuttosto chiara a chi con pazienza segue la china del tempo linguistico, che è un tempo piú lungo e piú lento di quello umano ma non meno ricco di mutamenti e di imprevisti. Basti pensare a come *logos* sappia restituire non tanto il semplice significato di «parola», ma un preciso modo di intenderla dal punto di vista filosofico. E questo non accade solo ad Atene.

Inizialmente i romani per dire «parola» usavano *verbum*, analogo di *logos*, un termine assolutamente generico, che non indica solo il nome (che è il *vocabulum*), ma tutto. Anche se nella nostra lingua ne rimangono tracce in derivati come «verbale», «verboso», «diverbio» ecc., questo antico sostantivo col tempo ha ceduto il passo, ritirandosi in un ambito piú limitato. A confinarlo in un contesto esclusivamente religioso è stato il cristianesimo, che ha sacralizzato il nome, connotandolo come la parola rivelata, quella che si fa carne («Et Verbum caro factum est»)[1]. Lo spazio lasciato vuoto è stato cosí occupato da *parabola*, che lentamente e con vari passaggi è diventata «parola», la quale, come il suo antecedente, si riferisce all'atto di parlare in tutta la sua ampiezza. Partiamo da qui, da questa versione laica del *verbum*.

La «parola» è una «parabola», un suono che fa un percorso da chi lo pronuncia a chi lo ascolta. Non si parla a sé stessi, si parla sempre a qualcuno, anche quando parliamo da soli. I poli della parabola indicano una relazione, dunque una socialità. In retorica, infatti, «parola» significa «comparazione», «similitudine», fatto che conferma il confronto con l'altro. Questi significati li ritroviamo in tutte le lingue romanze[2].

Mi interessa osservare come, implicando l'altro, la parola è un atto che richiede – stando a Gadamer, che ha scritto pagine superbe su questo tema – ascolto e comprensione. Il filosofo definisce l'ascolto la nostra «disposizione a comprendere»[3]. In effetti, solo quando la parola è compresa dall'altro la parabola è avvenuta e crea un ponte che istituisce un legame. Da questo momento sarà abitata da entrambi, da chi la lancia e da chi la raccoglie: sarà cioè diventata un territorio comune. Proprio da questa polarità comunicante nasce il dialogo, la modalità di scambio per eccellenza[4].

Sempre Gadamer rileva come la nostra sia la civiltà del dialogo[5], assente nelle culture orientali, che preferiscono i monologhi e i testi sapienziali. Le monarchie assolute d'Oriente trovano una coerente corrispondenza in testi dove la parola è calata dall'alto e non è previsto l'intervento critico di chi la legge, mentre i greci non potevano che dar vita al dialogo, visto che la democrazia è capacità di ascolto e richiede la comprensione del pensiero altrui indipendentemente dal consenso. La democrazia, come il dialogo, ci chiede un continuo sforzo di attenzione e di interazione, pretende che rimettiamo ogni volta tutto in discussione e che ci facciamo all'occorrenza ascoltatori e attori.

Tra gli atti principali del dialogo ci sono la domanda e la risposta, etimologicamente molto interessanti per comprendere il nostro tema. «Domandare» vuol dire letteralmente «mandare fuori» e significa «affidarsi», «confidare», «mettere in mano» (*in manus dare*). La parola descrive un'azione che chiama in causa un altro da cui ci aspettiamo che la nostra fiducia venga accolta e ricambiata. Solo in un secondo momento il verbo passerà a designare la domanda vera e propria. Tale passaggio avviene in nome del fatto che quando domandiamo consegniamo qualcosa nelle mani di qualcuno sperando che lo saprà custodire e che ce lo restituirà nelle medesime condizioni, se non addirittura migliori.

I latini per «chiedere» utilizzavano anche *quaero*, un verbo ricchissimo che però vuol dire prima di tutto «chiedere per sapere», dal quale derivano molti altri significati tra cui «ottenere», «acquistare», «indagare». In termini giuridici *quaero* è l'«inchiesta» o l'«interrogatorio», non escluso quello con la tortura. Lo stesso accade per *peto*, altro verbo molto ampio che significa principalmente «chiedere per ottenere» (si pensi all'italiano «petizione»), e per *rogo*, che acquista sfumature piú giuridiche e descrive principalmente l'«interrogazione». Tutti verbi, dunque, molto diversi dal disinteresse del *de-mandare*.

Per accogliere la domanda – che prevede uno sforzo, un superamento delle inibizioni, un riconoscimento dei propri limiti – ci voleva una parola solenne, che sapesse contraccambiare la fiducia ricevuta da chi si è messo nelle nostre mani. *Respondeo* è, infatti, un verbo sacro, è la risposta a un patto. La sua sacralità la ritroviamo, ad esempio, nel «responso» dell'oracolo (*responsum*). *Respondeo* è poi il verbo che si usava per le proposte di matrimonio, in cui il padre si impegnava a dare la figlia in sposa (*sponsa* deriva da *spondeo* [«promettere solennemente»] e, per come andavano le cose, non sorprende che *sponsus* sia successivo e piú raro).

Il dialogo avviene tra chi si espone e chiede cura per ciò che «manda» e chi ricambia questa richiesta di fiducia mantenendo la promessa di dare ascolto. Nulla che abbia a che fare con gli interessi, gli interrogatori, le soluzioni, i risultati: per dialogare serve solo l'impegno alla reciprocità, e queste due parole-metafore, partendo da gesti di altra natura, lo dimostrano in maniera eloquente.

Quello che l'etimologia non dice, invece, è la qualità del contenuto del dialogo. E, a ben guardare, non potrebbe indicarla perché «parola» è un vocabolo assoluto, che può essere impiegato come un semplice strumento di comunicazione, che esaurisce la sua funzione nominando qualcosa, cosí come può diventare parola poetica, il grado piú alto dell'espressione. Se nel primo caso essa è semplicemente un mezzo per intendersi, nel secondo, proprio come ci suggerisce l'etimologia di «poesia», diventa una parola che «crea».

Ma cosa crea? La parola poetica – qui intesa non come fatto estetico, ma nel suo senso ampio, come testo letterario o come documento di valore – crea l'interpretazione[6]. Un canto, una preghiera, una poesia o, perché no, una legge o un epitaffio, quando li rileggiamo, ci dicono qualcosa che prima ci era sfuggito. Se li leggiamo una terza volta, ci diranno altro ancora. Questa continua, inestinguibile ricchezza di senso fa nascere la figura del lettore, colui che legge per interrogare e per interpretare ciò che è stato scritto. A questo punto il dialogo può avvenire non solo nella sua forma originaria, quella di due o piú persone che parlano, ma anche in forma scritta. Con la parola poetica e con l'interpretazione nasce un dialogo tra noi e la parola-libro. Un dialogo che può essere silenzioso.

«Scrivere» (*scribere*) etimologicamente vuol dire «incidere», «lasciare impressi dei segni». Traduce l'equivalente greco *grafo* e la sua radice indoeuropea è proprio quella di «incidere», «grattare»[7]. Lo dobbiamo immaginare come un atto scultoreo: il legno, la roccia, il marmo rendono meglio la fatica di questa scrittura iniziale e, di rimando, l'attenta valutazione di che cosa incidere. La necessità di scrivere è quella di fissare la parola per poterla consultare e per poterci, appunto, dialogare. Che sia una legge (*scribere legem*) o un contratto, che si tratti di versi o di un racconto, l'incisione riguarda esclusivamente una parola importante e ricca, che superi i confini della comunicazione. Anche i testi sacri delle principali religioni rispondono a questa esigenza e la loro diffusione su scala globale, come nota Maurizio Ferraris, sarebbe pressoché impossibile da immaginare se queste non fossero diventate anche «religioni del libro»[8].

La scrittura – anche se dall'incisione siamo ormai passati alla digitazione – resta ancora oggi la custode migliore di ciò che crediamo un valore, un esempio, un prototipo di bellezza. Quel che resta di noi, infatti, sono spesso parole scritte. Il *corpus*, quando perisce, affida la sua concreta sopravvivenza all'impalpabilità della parola, che finisce per rivelarsi ciò che di piú tangibile rimane di noi. Lo scrittore, allora, è proprio colui che sa individuare e scegliere le parole da salvare dal flusso indistinto della comunicazione mondana e dall'inesorabilità del tempo che scorre. Egli individua la possibilità di dialogo che la sua epoca e quelle a venire intratterranno con ciò che egli incide. L'altro polo della sua parabola è sempre il lettore, un nome che, come gli altri appena visti, ha una storia interessante.

«Leggere», infatti, è un verbo dall'etimologia non semplice. Come le altre parole che abbiamo appena passato in rassegna, indica solo per traslazione, e solo in un momento successivo, la lettura. Originariamente il verbo *legere* significa «cogliere», «raccogliere». Sembra un verbo agricolo, che ha a che fare col raccolto e la mietitura piú che col sapere. La sua evoluzione non è chiara, perché non si capisce se questo «raccogliere» si riferisca alle lettere dell'alfabeto e alla loro disposizione, alla vista che «raccoglie» i segni per decifrarli, o ad altro. È chiaro invece che «cogliere» vuol dire «com-prendere». E per «com-prendere» bisogna «prendere insieme», unire le parole che troviamo in successione e cogliere la loro dimensione di *fabula*, di racconto o di conversazione[9]. Quando questa comprensione complessiva avviene, il silenzio inciso della scrittura e l'ascolto raccolto del lettore trasformano la parola in voce perché la parola, finalmente, *ci parla*. Ma è una voce che non si pronuncia una volta per sempre, non è un responso. La voce della parola poetica si alza e poi svanisce perché la sua natura è svelarsi e nello stesso tempo proteggersi, donarsi a chi la sa interrogare senza esaurirsi una volta per tutte in un senso ultimo. Solo cosí vive la parola, in questo suo uscire e rientrare nell'ombra. Quando resta incomprensibile, quando rimane attaccata a noi, «quando non raggiunge l'altro», come scrive Gadamer, «è una parola morta»[10].

[1] Giovanni, 1,14.

[2] Per la verità, il cambiamento semantico parabola-parola si verifica in un diverso ambito linguistico; infatti, come scrive A. Castellani in *Grammatica storica della lingua italiana*, vol. I, Introduzione, il Mulino, Bologna 2000, p. 14: «pare da attribuirsi in primo luogo al metodo seguito dai Settanta nella loro traduzione in greco della Bibbia». In ogni caso, da lí si diffonde in tutte le lingue romanze, salvo il rumeno. Alla lista dei significati cosí delineata bisogna poi aggiungere anche quello vero e proprio di «proverbio» e, soprattutto, di «parabola» (del Vangelo).

[3] H.-G. Gadamer, *Sull'ascolto*, in Id., *Linguaggio* cit., p. 200.

[4] E. Garin, *L'umanesimo italiano* cit., p. 26, richiama il Petrarca delle *Familiari*, I, 9, in cui si legge che «non piccolo indice dell'animo è il discorso» che, secondo Garin, «sottoponendosi al controllo altrui, accetta una disciplina e rivela un atteggiamento».

[5] H.-G. Gadamer, *Fenomenologia del rituale e del linguaggio*, in Id., *Linguaggio* cit., pp. 169-72, e *Sull'ascolto* cit., pp. 199-202.

[6] Cfr. A. Leroi-Gourhan, *Il gesto e la parola*, Einaudi, Torino 1977, vol. I, p. 249: «La scrittura alfabetica risponde alla necessità della memoria sociale [...] [Essa] lascia all'individuo il vantaggio derivante dallo sforzo d'interpretazione che esige da lui». Sulla «memoria sociale» cfr. *ibid.*, vol. II, pp. 268-71.

[7] Cfr. A. Zamboni, *Etimologia* cit., p. 61.

[8] M. Ferraris, *Anima e iPad*, Guanda, Milano 2011, p. 25. Già David Hume aveva notato che le religioni hanno iniziato a produrre guerre nel momento in cui sono diventate da tradizionali a scritturali, fissando rigorosamente i loro termini. A riguardo cfr. anche F. Remotti, *Contro l'identità* cit., pp. 50-51.

[9] Il greco *lègein*, che ha la stessa radice del latino *lego*, vuol dire anche «elencare», «enumerare» e il *textum*, il «testo», in latino indica proprio l'intreccio di piú fili.

[10] H.-G. Gadamer, *Ritorno dall'esilio. Sulla lingua materna*, in Id., *Linguaggio* cit., p. 117.

Resistenza*

L'uomo non è solo capace di manipolare le parole. A volte sa riempirle di sensi ulteriori, che trascendono il vocabolo e aprono prospettive inedite. Ci sono parole che per ragioni storiche, morali, artistiche, hanno assunto nel tempo un senso molto piú ampio di quello che racchiude il loro *ètymon*. L'uomo *è* la lingua e dunque, vale la pena ricordarlo, può in ogni momento migliorarla. Moltissime volte l'ha condotta oltre l'indicazione letterale, senza accontentarsi dei soli significati dischiusi dalle radici o rinnovando quelli consumati dall'uso. Concludere con un esempio che dimostri questa possibilità ci sembra il modo migliore di rimarcare la funzione civile dell'etimologia e di non rassegnarsi a una lingua banale, appiattita su sensi univoci.

La parola «resistenza» è figlia del verbo latino *stare*[1], un verbo molto ampio, con una gamma enorme di derivati, il cui significato principale è lo stesso che ritroviamo in italiano e in diverse altre lingue, non solo romanze. Ma «stare» è anche un intensivo del verbo «essere», e significa molto altro: «stare in piedi», «fermarsi», «persistere», «perseverare». «Resistenza» è composta da *stare* e dalla già nota particella *re*, che definisce il movimento all'indietro, ma che qui ha una funzione intensiva. Dunque «re-sistenza» suggerisce un «ri-stare», che sarebbe meglio non intendere come «stare indietro», ma piuttosto come «stare contro», «opporsi», «reggere l'urto». Infatti la resistenza «s'incontra», la si «oppone», a volte la si «vince». Letteralmente abbiamo a che fare con un vocabolo senza dinamismo, che prevede lo scontro pur di mantenere una posizione conquistata. In fisica, per esempio, la resistenza meccanica è la capacità di reggere una precisa forza d'urto. «Restare», dunque, denota proprio questa volontà conservativa.

Ciò che ci piacerebbe dimostrare, invece, è come un evento, in questo caso la guerra partigiana, abbia mutato i connotati della parola, dandole un senso che nell'etimologia non c'è. Da «resistenza» diventa «Resistenza»: da parola statica passa a parola dinamica: da parola conservativa si trasforma in parola carica di futuro.

Chi fa la Resistenza – giovani uomini, donne e soprattutto ragazzi – non sa di farla. Si definisce, e si sente, piú che altro un «ribelle». E in fondo non ha torto. Il «ribelle» è il *re-bellis* (da *bellum*), «colui che ritorna a fare la guerra» e, per estensione, colui che recalcitra al potere costituito, alla legge, alle cure mediche, insomma a una prescrizione. A molti di loro questa definizione calza bene: tra le fila dei partigiani troviamo, infatti, gente che aveva già combattuto e che dopo l'armistizio non è tornata a casa, ma ha ripreso le armi ed è salita in montagna a combattere ancora. Altri si sentono «patrioti», dunque lottano in nome di un'Italia libera e, soprattutto, liberata dal nazifascismo e dalla sua violenza senza precedenti. Per i tedeschi, invece, sono tutti «banditi» (*Banditen*), tanto che Primo Levi racconta che tra confessare di essere ebreo e partigiano preferí dire che era ebreo:

> Mi hanno catturato perché ero partigiano, che fossi ebreo, stupidamente, l'ho detto io. Ma i fascisti che mi hanno catturato lo sospettavano già, perché qualcuno glielo aveva detto, nella valle ero abbastanza

conosciuto. Mi hanno detto: «Se sei ebreo ti mandiamo a Carpi, nel campo di concentramento di Fossoli, se sei partigiano ti mettiamo al muro». Decisi di dire che ero ebreo, sarebbe venuto fuori lo stesso, avevo dei documenti falsi che erano mal fatti[2].

Il «partigiano» è «colui che prende parte», «che si schiera», e il vocabolo viene usato tanto dai repubblichini quanto dai tedeschi per riferirsi a chi, paradossalmente, «parteggia» contro di loro. La parola, quindi, non è solamente l'antitesi dell'ignavia, ma indica da subito pericolo e clandestinità. Al partigiano, infatti, spetta la fucilazione. Questo lo sanno tutti. Lo sa anche chi è rimasto ad aspettarli a casa, chi li sfama, chi li cura, chi li nasconde. Anche loro, se verranno sorpresi, saranno messi al muro.

Ma cos'è stata la Resistenza in Italia? Innanzitutto un evento che, mentre accadeva, non aveva un nome preciso. La Resistenza furono venti mesi (settembre '43 - aprile '45) di guerra per bande. Quando scoppiò, nemmeno i protagonisti – giovani generalmente nati e cresciuti sotto la propaganda fascista, digiuni di politica – sapevano come sarebbe andata a finire e chiunque abbia la pretesa di raccontarla come una successione lineare di fatti ne tradirebbe la complessità e ne comprometterebbe la comprensione. Solo una piccola – ma decisiva – percentuale di partigiani, nei vent'anni di dittatura fascista, aveva maturato idee e progetti di opposizione armata contro il regime. Tutti gli altri vi entrarono mossi dai motivi piú vari: dal caso, dall'interesse, dalla frustrazione, dall'incoscienza e ovviamente dall'odio. Anche per questo, appena annunciato l'armistizio, la confusione e il fermento ebbero il sopravvento e tutto appariva un enorme «bàgolo»[3]. Lentamente, a suon di rastrellamenti e rappresaglie, in molti di quei ragazzi germinò il desiderio di una rottura definitiva col passato e di progettazione di un mondo nuovo, libero dal male del nazifascismo. Quel mondo lo vedranno in pochi: all'aprile del '45, infatti, i ribelli arriveranno decimati dal micidiale inverno del '44, armati male e vestiti peggio. Quando, in una notte di primavera del '45, Luigi Meneghello va incontro alle truppe britanniche in arrivo da sud per consegnare loro la città di Padova già liberata dai partigiani, per un attimo pensa a che figura lui e i suoi compagni stanno per fare agli occhi di quei potenti alleati: «Branchi di straccioni; bande. Banditi» e tuttavia «la cosa piú decente che è restata in Italia»[4]. A riscattare la reputazione di un popolo intero sono stati branchi di straccioni. Ne avevano già allora cognizione e consapevolezza? I «nati poveri prima della Resistenza e morti poveri prima di poterne apprezzare i frutti»[5] si saranno resi conto che la loro guerriglia contro la Wermacht, le SS e i loro gregari fascisti avrebbe occupato, negli anni a venire, pagine importanti dei libri di scuola? I giovani renitenti ai bandi di Graziani, le giovanissime staffette, le migliaia di contadini che nascondevano i figli e gli amici dei figli sapevano di portare un contributo fondamentale all'esito del piú feroce conflitto mondiale?

> La verità è che non avevamo *capito* le possibilità della situazione: nell'euforia attivista dei primi mesi, quel senso di essere portati da un'onda, raramente ci si era fermati a domandarsi: Ma che cosa succede esattamente? Cosa si deve fare, ora, a parte farsi portare dall'onda?[6].

Dunque no, non lo sapevano. E anche per dare un nome agli eventi ci fu bisogno di tempo. È solo negli anni Cinquanta, infatti, che viene introdotta la parola «Resistenza». L'uso di questo termine si sistematizza nelle lezioni dello storico valdostano Federico Chabod[7] e, soprattutto, nella prima *Storia della Resistenza* di Roberto Battaglia, pubblicata da Einaudi nel '53. Personalità di questo spessore chiariscono che sotto il nome

«Resistenza» si raccolgono anime molto diverse tra loro: garibaldini e badogliani, anarchici e monarchici, patrioti e ribelli, banditi e contadini, operai e professori. Persino i «tipi un po' storti. Ebbene: cosa cambia? Anche in chi si è gettato nella lotta senza un chiaro perché, ha agito un'elementare spinta di riscatto umano, una spinta che li ha resi centomila volte migliori di voi, che li ha fatti diventare forze storiche attive quali voi non potrete mai sognarvi di essere»[8]. Cosí scriveva Calvino ai detrattori della Resistenza e non serve rimarcare l'attualità di queste affermazioni.

Le parole usate da chi ha fatto la Resistenza – «partigiano», «ribelle», «patriota» – non bastano a definire il profilo degli uomini coinvolti e dei fatti accaduti: hanno tutte un'oggettiva parzialità.

Il partigiano non è solo uno che si è schierato. I piú illuminati, ad esempio, hanno avuto un ruolo fondamentale anche dopo, quando c'è stata da scrivere la Costituzione. Dunque non si tratta solo di avere coraggio, di individuare un nemico. Si tratta di nutrire un'idea di mondo basata sulla pace, la democrazia, la parità di tutti.

Chi ha combattuto è stato piú di un ribelle perché non ha solo scelto di disobbedire ai bandi di Graziani che obbligavano, pena la fucilazione, ad arruolarsi nell'RSI; non ha soltanto ripreso le armi (*re-bellis*) per ingaggiare una seconda guerra piú incerta e improvvisata di quella appena combattuta, ma ha dato battaglia ai nazifascisti perché nella sua azione si faceva via via strada una prospettiva – magari confusa, magari nata dal semplice contrasto con quella dittatoriale – che andava oltre la guerra.

E infine, chi ha combattuto per quei venti mesi è stato piú di un patriota. Prima ancora che per il proprio territorio, chi fa la Resistenza riprende le armi per fondare un mondo, non una patria. Ancora ne *I piccoli maestri* Meneghello intona una canzonetta in voga durante la guerra a un ufficiale inglese: «"Cosa dicono le parole?" disse l'ufficiale. "Che finisce la guerra" dissi, e poi aggiunsi: "E che ci interessa molto la salvezza dell'umanità"»[9]. Questo movimento ha assunto subito una dimensione extranazionale: basti pensare a quanti partigiani stranieri hanno fatto la Resistenza in brigate e formazioni italiane o a quegli italiani che dopo l'armistizio erano, ad esempio, in Jugoslavia a «resistere» coi partigiani di Tito[10].

Del resto è la stessa parola «Resistenza» che, come dicevamo all'inizio, indica un atto piú circoscritto, limitato a reggere l'urto. L'evento straordinario forzerà i limiti della parola, che si farà cosí portatrice di un senso che l'etimologia e il significato di uso comune non comprendono. Da un «opporre» si passerà a un «pro-porre», dove la tensione in avanti è sottolineata dalla stessa preposizione.

Forse le parole, mentre si agisce, non bastano mai e, tanto meno, è facile scegliere quelle giuste. Nominare le cose vuol dire cercare di comprenderle ed è difficile farlo in presa diretta e in uno stato di travaglio. A tutto questo va aggiunto che il tempo deve fare il suo corso. Anche in letteratura, per esempio, si è arrivati solo gradualmente a inquadrare quegli eventi con lucidità e precisione. I primi libri sulla Resistenza, come illustra Giovanni De Luna, sono testi scritti a caldo, generalmente relativi alla propria esperienza. Solo con gli anni arrivano opere di grande respiro, che oltrepassano il biografismo e il resoconto riuscendo a restituire l'universalità delle vicende. Il già citato *Sentiero dei nidi di ragno* (1947) e *L'Agnese va a morire* (1950), per limitarci a due delle opere piú conosciute, sono testi che arrivano quando c'è stato il tempo di far sedimentare il magma delle vicende[11].

Quando siamo andati a incontrare Renzo Balbo, staffetta nella II Divisione Autonoma «Langhe», e gli abbiamo chiesto se Resistenza per lui è una parola appropriata, che descrive bene ciò che ha vissuto in prima persona in quegli anni, Balbo ha detto subito di no. «Resistenza è una parola mutuata dalla resistenza francese, che però aveva caratteristiche diverse da quella italiana. Quella è stata una resistenza nel senso vero del termine perché era principalmente passiva. La nostra, invece, è stata veramente una guerra. Anzi, se vi devo dire la verità», ha continuato, «a me questa parola non piace granché. Ha un sapore intellettuale, mentre la Resistenza l'ha fatta gente con la zappa, non con la penna. Resistenza definisce solo un'opposizione, ma noi abbiamo fatto di piú: ci siamo attivati, abbiamo raccolto le armi e siamo scesi per strada, abbiamo fatto la guerra ai tedeschi e abbiamo preso coscienza. Non ci siamo solo opposti».

Resistenza è una parola che ammonisce e ricorda. Rimanda a fatti che ancora ci parlano e che, soprattutto, raccontano vicende che vanno al di là dell'atto di «resistere». Questa non è un'affermazione apologetica, è piuttosto una constatazione strettamente linguistica, perché quell'atto di opposizione era contemporaneamente fondativo della democrazia in cui viviamo. Chi cerca di ridimensionare la parola, chi vuole ricondurla al solo significato etimologico, probabilmente ne preferisce altre che andranno attentamente ascoltate, sorvegliate e, eventualmente, contrastate. L'etimologia, a questo riguardo, è un'arma utile perché può trasformarsi in disciplina militante: in un sapere che, come diceva Foucault, non serve solo a conoscere, ma a prendere posizione[12].

* Questo testo è stato scritto con Irene Barichello, collaboratrice della rivista online dell'ANPI «Patria indipendente».
[1] Il paradigma è *sto, stas, steti, statum, stare*, dunque nel perfetto la radice raddoppia (*stet-*).
[2] Intervista rilasciata da P. Levi a E. Biagi l'8 giugno 1982 nel programma televisivo *Questo secolo*.
[3] «Bàgolo» in veneto significa «confusione»: «Era tuttavia un gran piacere trovarsi in mezzo a questo bàgolo. Primeggiavano sugli altri gli studenti e i popolani, ma tutti cercavano di fare qualcosa, perfino i giovanotti azzimati della piazza, i quali si assunsero il taglio dei capelli alle ragazze che si erano fatte vedere coi tedeschi, magari senza vera malizia politica, poverine; il boia era il principale parrucchiere del centro, e il taglio veniva eseguito con finezza, quasi con civetteria», in L. Meneghello, *I piccoli maestri*, in Id., *Opere*, Rizzoli, Milano 1997, vol. II, p. 26.
[4] *Ibid.*, p. 226.
[5] Sono parole di Nello Quartieri (nome di battaglia: «Italiano»), comandante partigiano e membro del battaglione Picelli. Cfr. *Io sono l'ultimo. Lettere di partigiani italiani*, a cura di S. Faure, A. Liparoto e G. Papi, Einaudi, Torino 2012, p. 22.
[6] L. Meneghello, *I piccoli maestri* cit., p. 36.
[7] Il volume delle lezioni universitarie tenute alla Sorbona venne pubblicato nel 1950 a Parigi e undici anni piú tardi in Italia. Cfr. F. Chabod, *L'Italia contemporanea (1918-1948). Lezioni alla Sorbona*, Einaudi, Torino 1961.
[8] I. Calvino, *Prefazione* a *Il sentiero dei nidi di ragno*, Garzanti, Milano 1987, pp. 14-15. Si noti l'aggettivo «attive», a confermare la propulsione del movimento, ben al di là della semplice opposizione.
[9] «Sono passati gli anni | sono passati i mesi | sono passati i giorni | e ze rivà i inglesi. | La nostra patria è il mondo intèr | solo pensiero salvar l'umanità». Cfr. L. Meneghello, *I piccoli maestri* cit., pp. 226-27.
[10] Senza contare che c'è stato chi, dopo l'8 settembre, catturato dai tedeschi sceglie di «re-sistere», ossia di disobbedire ai precedenti alleati e di seguire l'ordine badogliano di non continuare a combattere coi nazisti. Per questo verranno deportati in massa nei campi di concentramento. Si parla di circa il 90 per cento dei soldati italiani, in cifre assolute oltre 600 000 uomini.
[11] Cfr. Giovanni De Luna in http://www.doppiozero.com/materiali/25-aprile/interpretazioni-e-rappresentazioni-della-guerra-e-della-resistenza.
[12] M. Foucault, *Nietzsche, la genealogia, la storia*, in Id. *Microfisica del potere. Interventi politici*, a cura di A. Fontana e P. Pasquin, Einaudi, Torino 1978, p. 43.

Ringraziamenti.

Il primo ringraziamento va a Paola Gallo, che ascoltandomi parlare di etimologia durante una presentazione ha avuto l'intuizione di immaginare questo libro. Senza il suo invito avrei continuato ad accumulare appunti credendoli buoni solamente per i miei studi e per preparare qualche conferenza.

Durante la scrittura ho avuto la fortuna di potermi consultare con scrittori, docenti, specialisti e cultori della materia, oltre che con una serie di amici che da sempre leggono ciò che scrivo prima della pubblicazione. A tutti loro devo critiche, segnalazioni, spunti, correzioni e suggerimenti bibliografici preziosissimi. Li ringrazio in ordine sparso: Eva Cantarella, Luca Serianni, Alberto Rollo, Giancarlo Pontiggia, Andrea Giusti, Piergiorgio Nicolazzini, Andrea Kerbaker, Barbara Giacominelli, Walter Barberis, Davide Gulotta, Viviana Seveso, Anna Canale e Marco Peano. Un grazie più grande va infine a Irene Barichello, che ha seguito il lavoro passo passo e con cui ho scritto l'ultimo capitolo.

Alla fine di un libro non si ringraziano gli scrittori che si amano, né le parole che ci hanno lasciato, ma ci sono due versi di Pasolini che da ragazzo ho letto su un muro di Milano e so per certo che sono stati quei versi ad avvicinarmi in questo modo alle parole. Siccome non esiste nessun altro testo verso cui sia debitore di qualcosa di così preciso, mi piace ricordarli: «La morte non è | nel non poter comunicare | ma nel non poter più essere compresi»[1].

---

[1] P. P. Pasolini, *Poesie in forma di rosa*, in Id., *Tutte le poesie*, a cura di W. Siti, Mondadori, i Meridiani, Milano 2003, vol. I, p. 1183.

Indice

p. VII   *Introduzione*

Le parole sono importanti

- 3 Divertente
- 11 Confine
- 19 Felicità
- 25 Social
- 33 Memoria
- 45 Scuola
- 53 Contento
- 63 Fiducia
- 69 Parola
- 77 Resistenza

85   *Ringraziamenti*

*Stampato per conto della Casa editrice Einaudi
presso ELCOGRAF S.p.A. - Stabilimento di Cles (Tn)
nel mese di febbraio 2019*

C.L. 24177

Edizione					Anno			
4	5	6	7		2019	2020	2021	2022